中国赴任ハンドブック

渡辺基成 編著

税理士法人　成和
上海成和ビジネスコンサルティング 著

税務経理協会

はじめに

　中国は現在，ＧＤＰで日本を抜いて世界第２位の経済大国になり，成長産業や人材の育成に力を注ぎ，今後のさらなる経済成長を目指しています。このような中，これまで確立してきた中国と日本の経済的な相互関係をさらに緊密化していくこと，そして両国の互恵関係を目指すことが求められています。

　中国は，2009年に建国60周年を迎えました。振り返ってみると，その道のりは決して順風満帆なものではありませんでした。毛沢東時代に当たる前半の30年では，計画経済と国営企業を中心とした社会主義体制が敷かれましたが，その間には「大躍進政策」や「文化大革命」があり，経済的にも政治的にも非常に不安定な時代でした。その後毛沢東氏に代わり鄧小平氏が台頭すると，計画経済は中止され，改革開放路線による市場経済化が推し進められました。「改革開放政策」への方針転換後の30年間は，平均して10％近い高度成長を成し遂げてきたものの，最近はやや鈍化し，2012年度には７％台の成長率となっています。また，2013年３月には，全国人民代表大会が開催され，習近平氏を国家主席とする新体制が始動しました。

　こうした状況を受け，中国の経済が「高度成長期」から転じて「安定期」を迎えたとして，最近は，企業の進出及び投資先として，タイ，インドネシア，ベトナム，カンボジア，ミャンマーなどの東南アジアの国々に注目が集まっています。しかしながら，現地に行ってみるとよくわかりますが，これらの国々にはまだまだインフラの問題が数多く存在

しているのが現状です。もちろん，燃料や電力などの資源の供給や道路などのインフラは整備されつつありますが，企業の進出先，投資先としては，中国に比べてまだまだ不透明，不安定な要素が多く存在していることも確かです。

　このような東南アジアの国々に比べると，日本と中国の経済の相互関係は既に確立されています。日本と中国の関係は切っても切れない良い関係が，すでにでき上がっているのです。今や中国に進出している日系企業の数は2万数千社に上り，中国で働く在留邦人は，十数万人に及んでいます。また，こうした日系企業では，多くの現地在住の中国人が活躍し，日本人赴任者とパートナーシップを築き上げています。

　現在の日中関係は，2012年9月に生じた「尖閣諸島国有化」の問題以降，さまざまな局面で冷え込んでおり，日本企業が中国へ進出するペースは踊り場的な状況を迎えたと言えるでしょう。ただし一方では，サービス業を中心として，わが社への中国進出に関する相談件数は増加傾向にあります。日本企業を取り巻く経営環境が厳しさを増すほどに，多くの企業の皆様が，より積極的，より挑戦的な経営を考えておられます。

　こうした中国進出企業の皆様より，このような時だからこそ分かりやすく利用しやすい本を書いて欲しいとのご要望を頂き，その一助になればという思いから本書を出版するに至りました。

　本書の構成は，以下の5つの章から成り立っています。日系企業の中国進出を実際に支援している税理士や社会保険労務士が，国際税務・国際労務の観点から，中国進出企業の親会社の担当者や中国赴任者にとって役立つ実務的な情報を執筆しています。

① 第Ⅰ章　中国拠点の設立

　駐在員事務所の開設や現地法人の設立の準備，日本人赴任者のビザなど，中国進出拠点の設立過程を述べています。

② 第Ⅱ章　中国の税制の概要

　中国の主要な4つの税「増値税」，「営業税」，「個人所得税」，「企業所得税」について，概説しています。

③ 第Ⅲ章　中国赴任者の日本・中国の税務

　中国赴任者の給与に対する課税について，日本・中国両国の制度の観点から述べています。

④ 第Ⅳ章　中国赴任者の労務と社会保険

　中国赴任者の処遇に関して留意すべきことを，労務管理と日本の社会保険の観点から述べています。

⑤ 第Ⅴ章　中国の社会保険と労務

　中国の社会保険制度の概要と労務上の注意点について述べています。

　本書が中国ビジネスに関わる方々に少しでもお役に立つことができれば幸いです。

　また，株式会社税務経理協会の峯村英治様からは，執筆のおすすめを頂くと共にご助言を頂きました。出版にあたり感謝申し上げます。

2013年6月

渡辺　基成

目 次

はじめに

第Ⅰ章　中国拠点の設立 ―――――――――――――― 3

　1　駐在員事務所の概要 ――――――――――――――― 3
　2　駐在員事務所の開設手続き ―――――――――――― 6
　3　現地法人の概要 ――――――――――――――――― 9
　4　現地法人の設立手続き ―――――――――――――― 13
　5　現地法人設立の準備 ――――――――――――――― 18
　6　法人口座の開設 ――――――――――――――――― 23
　7　中国におけるビザの種類と申請方法 ―――――――― 27
　8　中国における就業証と居留許可の取得 ――――――― 33

第Ⅱ章　中国の税制の概要 ――――――――――――― 37

　1　中国の主要な税 ――――――――――――――――― 37
　2　増値税の概要 ―――――――――――――――――― 39
　3　営業税の概要 ―――――――――――――――――― 41
　4　中国の消費課税の一本化 ――――――――――――― 43
　5　個人所得税と企業所得税の概要 ―――――――――― 45

第Ⅲ章　中国赴任者の日本・中国の税務 ……………… 47

1　中国赴任者の日本の税務 ……………………………………… 47
　(1)　日本払い給料の取扱い ……………………………………… 47
　(2)　役員報酬の取扱い …………………………………………… 50
　(3)　個人住民税の取扱い ………………………………………… 52
　(4)　赴任時の年末調整 …………………………………………… 53
　(5)　確定申告と納税代理人 ……………………………………… 54

2　中国の個人所得税 ……………………………………………… 56
　(1)　居住者と非居住者 …………………………………………… 56
　(2)　納税義務の範囲 ……………………………………………… 58
　(3)　給与所得の取扱い …………………………………………… 60
　(4)　給与所得の申告と納税 ……………………………………… 62
　(5)　給与所得の税額の計算 ……………………………………… 64
　(6)　賞与の税額の計算 …………………………………………… 66
　(7)　年度申告 ……………………………………………………… 68

3　租税条約による二重課税の調整 ……………………………… 70
　(1)　租税条約とは ………………………………………………… 70
　(2)　183日ルール ………………………………………………… 72

第Ⅳ章　中国赴任者の労務と社会保険 ………………… 75

1　中国赴任者の赴任形態 ………………………………………… 75
　(1)　中国赴任者の3つの赴任形態 ……………………………… 75
　(2)　中国赴任者の赴任形態　その1「転勤」 ………………… 76
　(3)　中国赴任者の赴任形態　その2「在籍出向」…………… 77
　(4)　中国赴任者の赴任形態　その3「転籍」 ………………… 78

2　中国赴任者への労働条件の通知 ───────────── 79
　3　海外勤務者規程 ─────────────────── 82
　4　出向契約書 ──────────────────── 84
　5　中国赴任者の日本の社会保険 ─────────── 86
　6　中国赴任者の日本の医療保険 ─────────── 87
　　(1)　中国赴任者の日本の医療保険の継続 ─────── 87
　　(2)　中国赴任者の日本の医療保険の使い方 ────── 90
　　(3)　中国赴任者の日本の医療保険料 ───────── 92
　7　中国赴任者の日本の年金 ─────────────── 94
　8　中国赴任者の日本の介護保険 ─────────── 96
　9　中国赴任者の日本の雇用保険 ─────────── 98
　10　中国赴任者の日本の労災保険 ────────── 101
　11　日本・中国間の社会保障協定 ───────────── 105

第Ⅴ章　中国の社会保険と労務 ─────────── 109
　1　中国赴任者の中国の社会保険への加入 ────── 109
　2　中国の社会保険の仕組み ───────────── 111
　3　中国における雇用に関する注意点 ──────── 116
　4　中国の雇用関連法規 ────────────── 118
　5　中国の労働契約書 ─────────────── 120
　6　中国における労働契約期間 ───────────── 122
　7　中国における試用期間 ─────────────── 124
　8　中国における人材派遣制度 ───────────── 126
　9　中国におけるパートタイム労働契約 ──────── 128
　10　中国における労務コスト ────────────── 129
　11　中国における経済補償金 ────────────── 133

中国赴任ハンドブック

渡辺基成　編著

税理士法人　成和
上海成和ビジネスコンサルティング　著

第Ⅰ章　中国拠点の設立

1　駐在員事務所の概要

> 駐在員事務所とは，どのような組織のことをいうのですか？

> ✓　駐在員事務所とは，日本などの中国国外にある会社が，中国ビジネスのために長期にわたって駐在員を派遣する場合に，この駐在員の活動拠点として中国で登記された組織のことをいいます。

１　駐在員事務所とは

　日本などの中国国外にある会社が中国でのビジネスを行う場合，長期間にわたって中国に滞在する駐在員の派遣が必要となることがあります。このような場合には，派遣される駐在員の活動拠点を，外国企業の駐在員事務所（外国企業常駐代表机构）として，中国の工商行政管理局で登記する必要があります。

　工商行政管理局で登記された駐在員事務所は，法律上，中国国内の正式な機構（組織）として認識されることとなりますので，駐在員事務所の名義で銀行口座を開設するなど，法律の範囲内で事務所としての活動を行うことができるようになります。

2　駐在員事務所の業務範囲

　法律事務所など一部の特殊な許認可を得た駐在員事務所を除いた駐在員事務所は，営業活動をすることが認められていません。

　中国では，領収書（発票）を発行するためには税務局による許可が必要になりますが，上記のように営業活動が認められていない駐在員事務所では，領収書（発票）を発行することは認められません。

3　駐在員事務所の経費

　駐在員事務所の運営上必要となる経費は，中国国外にある本店から駐在員事務所名義で開設された銀行口座に送金された資金から支出されることになります。中国では厳格な外貨管理規制が実施されていますが，現在までのところ，駐在員事務所の銀行口座に送金された外貨については，比較的自由に人民元に転換することが認められています。

4　駐在員事務所への課税

　一方，税務上，駐在員事務所に対しては，駐在員事務所の運営にかかった経費を基礎として営業税や企業所得税が課税されます（経費を基準とする認定徴収方式）。課税の基礎とされる駐在員事務所の運営にかかった経費には，駐在員事務所の運営上必然的にかかる経費（駐在員の人件費，事務所や社宅の家賃等）に加えて，実際に駐在員事務所から支出された経費が含まれます。

5　首席代表と代表

　工商行政管理局での登記上，駐在員事務所の駐在員には，『首席代表』もしくは『代表』のいずれかの肩書が付与されます。『首席代表』は，駐在員事務所の最高責任者となる駐在員，『代表』はその他の駐在

員を意味します。

　法令上，駐在員事務所の駐在員として登録できる人数は，『首席代表』が1名，『代表』が3名までとされています。なお，現在の上海市の運用では，『首席代表』『代表』ともに中国国外にある本店から任命されていることが条件とされているのみであり，必ずしも本店に在籍している必要はありません。

6　駐在員の滞在許可（居留許可書）

　工商行政管理局における駐在員事務所の登記が完成すると，登記された駐在員には，『代表証』（『工作証』とも呼ばれます）という証書が発行されます。しかしながら，『代表証』は駐在員事務所の駐在員として登記されたことを証明する証書にすぎません。

　駐在員事務所の駐在員は必然的に中国国内での就業を伴うことになりますので，就業許可（『就業証』）の取得が必要になります。また，長期滞在のためには滞在許可（『居留許可書』）の取得が必要となります。

7　事務員の雇用

　駐在員事務所で事務員の雇用を行う場合，雇用形態は人材派遣会社（『人材サービス会社』と呼ばれます）を介在させた間接雇用が原則となります。これは，中国では駐在員事務所が社会保険の加入主体となることができないことに由来しています。事務員の雇用に当たっては，最低限，社会保険への加入を可能とする形態での『人材サービス会社』との労務契約の締結が必要となります。

2　駐在員事務所の開設手続き

> 駐在員事務所の開設のためには，何をしたらよいのですか？

☑　駐在員事務所は，工商行政管理局で登記することが必要になります。また，関係する各当局への届出や，事務所の運営上必要な銀行口座開設，駐在員の長期滞在に必要な手続きなどが必要となります。

１　工商行政管理局における登記手続き（工商登記）

駐在員事務所は，原則として駐在員事務所の住所を管轄する工商行政管理局において登記することにより中国国内の機構（組織）として認められます。

事務所の名称，首席代表，代表，業務範囲，住所，外国企業の名称及びその本店所在地，存続期間等が登記され，手続きが完了すると，駐在員事務所の『登記証』，首席代表及び代表の『代表証』が発行されます。

２　工商登記に必要な書類

本店が日本にある会社が，中国に駐在員事務所を登記する場合を前提にすると，下記【申請書類】に掲げる資料の準備が必要になります。

日本での準備が必要となる資料の大部分が，在日本中国総領事館での『公証』手続きが必要になりますので，事前の準備が必要になります。また，オフィス物件によっては，駐在員事務所の登記ができないものもあるため，賃貸物件の確定に当たっては，事前に大家（もしくは不動産仲介会社）に対して十分な確認を行う必要があります。

【申請書類】

	申　請　書　類	備　　考
（ア）	設立登記申請書	定型フォーマット有り
（イ）	会社の住所及び2年以上の営業証明	登記簿謄本（履歴事項全部証明）◎
（ウ）	会社の定款	
（エ）	会社が発行した代表権の授権証明	◎
（オ）	会社が発行した首席代表及び代表の任命状	◎
（カ）	首席代表及び代表の身分証明書	身分証（中国国籍の場合）の原本 パスポート（外国籍の場合）のコピー◎
（キ）	首席代表，代表の履歴書	
（ク）	金融機関が発行した会社に関する資本信用証明	◎
（ケ）	駐在員事務所が所在する住所証明	大家の不動産登記証，賃貸借契約書等
（コ）	その他関連する文書，証書	

※　◎は，在日本中国総領事館での公証が必要な資料。
※　（カ）のパスポートは，入国スタンプが押されたパスポート原本も可。
　　（上海市の対応）
※　日本語の文書については，中国語訳の添付が必要。

❸ 税務登記と税務申告の開始

　工商登記の手続きの完了後，公安登記，印鑑作成，組織機構コードの取得といった手続きを経て，住所を管轄する税務局において税務登記を行うことになります。税務登記が完了しますと，税務登記証が発行されますが，法令上，税務登記証の発行日の翌月から税務申告義務が発生することとされています。

　また，税務登記完了後には，課税方式の認定等，税務上の諸手続きが必要になりますので，駐在員事務所の開設に当たっては，事後のトラブルを避けるため，できるだけ早期に税務・会計に関する専門家に相談するのが望ましいものといえます。

❹ 銀行口座の開設

　工商登記された駐在員事務所は，人民元口座及び外貨口座のいずれについても開設することができます。

　銀行口座の開設に当たっては，事前に工商登記，印鑑作成，組織機構コードの取得，税務登記の各手続きが完了していることが必要になります。また，銀行口座開設に当たっては，原則として首席代表の身分証明書（パスポート等）の原本の提示が必要とされていますので，この点には注意が必要となります。

3　現地法人の概要

> 現地法人とは，どのような組織のことをいうのですか？

✓　中国の現地法人とは，日本などの中国国外にある会社（個人）が，中国におけるビジネス展開のために出資して設立した会社（法人）のことをいいます。現地法人は，自らが中国国内の営業主体となる点で駐在員事務所と異なります。

❶　現地法人とは

　会社などの組織が中国国内で営業主体として取引を行うためには，中国国内法によって権利及び義務の主体となる資格（法人格）が付与されることが必要になります。一般的には，このように中国国内法によって法人格が付与された企業組織のことを現地法人といいます。

　日本などの中国国外にある会社（個人）は，特別な例外を除いて中国国内での営業取引を行うことはできませんが，中国国内法に基づいて出資して設立された現地法人は，自らが営業主体となって中国国内での取引を行うことができるようになります。

　なお，中国国内で個人が営業主体となって取引を行うためには，工商行政管理局において個人営業主体としての登記を行う必要があります。しかしながら，外国人は，この個人営業主体の登記を行うことができませんので，外国人個人が中国国内で営業主体となって取引を行うことはできません。

2 現地法人の経営範囲

このように，現地法人は中国国内で営業主体として取引を行うことができますが，現地法人の取引は，許可された経営範囲内に限定されます。経営範囲を逸脱した取引を行う企業に対しては，営業許可書のはく奪も含めた厳しい罰則が設けられているため，十分な注意が必要となります。

3 現地法人の資本金

現地法人は出資された資本金を元手として中国国内での営業活動を行うことになります。現地法人は，中国政府の許可を得て外国から出資される資本金額を設定しているため，資金需要に基づいた増資を行う場合には，改めて中国政府の許可が必要になります。

ところで，現地法人が資金難に陥った際，出資者から資金援助と称した送金を行う場合が見受けられます。現地法人は出資者とは別の営業主体ですので，駐在員事務所の場合と同じように現地法人に自由に送金を行うことは認められていません。資金援助と称した出資者からの送金は，現地法人の外国（出資者）からの借入れとなるため，外債登記という外貨管理上の手続きを経る必要があります。

このように，現地法人設立後に出資者から資金援助を行うためには，一定の手続きを要することになります。そのため，現地法人設立時の資本金額の設定には，十分な考慮が必要になります。

4 現地法人への課税

現地法人に対して課税される主な税目は，売上金額を基準にして課税される営業税もしくは増値税，収入から経費を差し引いた利益を基準にして課税される企業所得税となります。なお，税務局の認定によっては，駐在員事務所と同様に経費を基礎として増値税や営業税，企業所得税を

納税する方式（経費を基準とする認定徴収方式）や，税務局から認定された一定額を納税する方式（定期定額徴収方式）が採用される場合もあります。

5 董事と監事と法定代表者

　前述の通り，現地法人は中国国内の企業法人として登記されますが，法律上，企業法人には董事会及び監事会の設置が必要とされます。現地法人は，法律上，『有限責任会社』の形態で設立されますが，この場合，董事会は3名以上13名以下の董事によって構成され，監事会は3名以上の監事で構成される必要があります。ただし，執行董事制度（※）を採用する場合には董事会の設置は不要とされます。また，監事会については，出資者が少ない場合や現地法人の規模が比較的小さい場合には，1名もしくは2名の監事を置き，監事会を設置しないこととすることも可能とされています。

　現地法人では，会社の基本事項について出資者に決定権限がありますが，董事会はその議案の作成や執行方法等を決定するための会議体のことをいいます。執行取締役制度を採用する場合には，執行董事1名によって董事会の機能を果たすことになります。一方，監事は，董事会や執行董事，高級管理職の執行状況を監査する権限と義務を負います。監事は，董事や高級管理職との兼務が禁止されています。

　一方，現地法人を代表して対外的に意思表示をする権限が付与された自然人を法定代表者といいます。現地法人は，営業主体として取引を行うことができますが，現地法人自身が意思表示をすることはできません。そのため，法定代表者が現地法人を代表して意思表示し，これが現地法人の意思表示となります。一般的に，董事長や執行董事が法定代表者に任命されることが多いのですが，このような肩書を有しない自然人を法定代表者に任命することも可能です。

必ずしも同一ではありませんが，董事会，董事，監事，法定代表者は，日本の株式会社の取締役会と取締役，監査役，代表取締役と対比することが可能です。

(※) 執行董事制度とは，出資者が少ない場合や現地法人の規模が比較的小さい場合に，董事会に替えて執行董事1名を設置する企業組織制度をいいます。

6　駐在員の滞在許可（居留許可書）

現地法人を支援するため，出資者である中国国外の会社が，現地法人に外国人駐在員を出向させることがあります。この場合には，この駐在員は，現地法人との間に雇用関係に基づいて中国国内で就業することになりますので，就業許可（『就業証』）の取得が必要になります。また，長期滞在のためには滞在許可（『居留許可書』）の取得が必要となります。

7　従業員の雇用

現地法人が従業員を雇用する場合，雇用形態は，直接雇用，人材派遣会社（『人材サービス会社』と呼ばれます）を介在させた間接雇用のいずれも可能となります（※）。間接雇用の場合には，社会保険への加入を含めた人材管理を『人材サービス会社』に委託することができますが，直接雇用の場合には現地法人内部での対応が必要になります。また，直接雇用の場合には現地法人が従業員と直接労働契約を締結する必要がありますが，遅くとも労働契約開始から1か月経過するまでの間に文書による労働契約書の作成が義務付けられているため，現地法人設立直後などに従業員を雇用する場合には，注意が必要となります。

(※) 2012年12月28日に全国人民代表大会常任委員会で決定された労働契約法の改正案では，間接雇用は補足的な雇用形式であり，「臨時的，補助的または代替的な業務職位に限って実施できる」ものと規定されています。

4　現地法人の設立手続き

中国に現地法人を設立するには，何をしたらよいのですか？

☑　外国企業（外国人）の中国での現地法人設立は，投資プロジェクトとして中国政府から許可を得る必要があります。許可の取得後，工商行政管理局で中国国内の法人営業主体として登記を行い，資本金の払込みを経て正式に法人としての営業活動が開始されることになります。

1　投資プロジェクトに関する許可申請

外国企業による中国現地法人の設立は，外国企業の中国における投資プロジェクトの一環として位置づけられますが，外国企業が中国において投資プロジェクトを実施する場合には，中国政府からの許可が必要になります。現地法人の設立手続きに着手するに当たっては，第一に中国における投資プロジェクトの全体像を確定し，このプロジェクトに関する中国政府の許可を得るための申請を行う必要があります。なお，工場の建設を伴うような投資プロジェクトの場合には，別途土地取得や工場建設に関する許可申請手続きが必要になります。

貿易業や卸売業，小売業などの営業を行うために現地法人を設立する投資プロジェクトや，サービス業を行うために現地法人を設立する投資プロジェクトなどに関する許可申請に当たっては，通常，次頁の【申請書類】に掲げるような資料の準備が必要になります。

【申請書類】

申請書類		備考
(ア)	投資プロジェクト許可申請書	
(イ)	現地法人の定款	
(ウ)	投資プロジェクト概要（フィジビリティスタディ）	
(エ)	現地法人の董事及び監事の派遣委任状及び身分証明書	身分証（中国国籍の場合）の原本 パスポート（外国籍の場合）のコピー
(オ)	現地法人の住所の証明書類	大家の不動産登記証，賃貸借契約書等
(カ)	外国投資者の経営証明	登記簿謄本（履歴事項全部証明）◎
(キ)	外国投資者の財務諸表	決算報告書
(ク)	金融機関が発行した会社に関する資本信用証明	
(ケ)	外国投資者の投資意向書	
(コ)	その他関連する文書，証書	

※ ◎は，在日本中国総領事館での公証が必要な資料。
※ （エ）のパスポートコピーについて，地域によっては在日本中国総領事館での公証が必要になる場合があります。
※ 日本語の文書については，中国語訳の添付が必要。

　投資プロジェクトに関する許可が下りると，『批准証書』が発行されます。批准証書には，現地法人の名称，登録住所，投資総額，登録資本金額，外国投資者の名称，出資比率などの情報が記載されます。

2 工商行政管理局における登記手続き（工商登記）

投資プロジェクトに関する許可を取得した後，工商行政管理局での法人営業主体としての登記（工商登記）を行います。現地法人は，この工商登記を経て中国国内での経営が認められることとなります。

工商登記に当たっては，下記【申請書類】に掲げるような資料の準備が必要になります。申請書類の多くは，投資プロジェクトに関する許可申請の際に用いた資料と重複しています。

【申請書類】

	申 請 書 類	備 考
（ア）	設立登記申請書	定型フォーマット有り
（イ）	批准証書及び投資プロジェクト許可書	投資プロジェクト許可申請にて取得
（ウ）	現地法人の定款	
（エ）	名称仮登記証明	事前の名称仮登記申請にて取得
（オ）	現地法人の董事及び監事の派遣委任状及び身分証明書	身分証（中国国籍の場合）の原本 パスポート（外国籍の場合）のコピー
（カ）	現地法人の住所の証明書類	大家の不動産登記証，賃貸借契約書，等
（キ）	外国投資者の経営証明	登記簿謄本（履歴事項全部証明）◎
（ク）	その他関連する文書，証書	

※ ◎は，在日本中国総領事館での公証が必要な資料。
※ （オ）のパスポートコピーについて，地域によっては在日本中国総領事館での公証が必要になる場合があります。
※ 日本語の文書については，中国語訳の添付が必要。

工商登記の手続きが完了すると,『営業許可書』が発行されます。営業許可書には,現地法人の名称,登録住所,法定代表者,登録資本金額,払込資本金額,外国投資者の名称などの情報が記載されます。

❸ 税務登記と税務申告の開始

工商登記の手続きの完了後,公安登記,印鑑作成,組織機構コードの取得といった手続きを経て,住所を管轄する税務局において税務登記を行うことになります。税務登記が完了しますと,税務登記証が発行されますが,法令上,税務登記証の発行日の翌月から税務申告義務が発生することとされています。

また,税務登記完了後には,課税税目・課税方式の認定等,税務上の諸手続きが必要になりますので,現地法人の設立に当たっては,事後のトラブルを避けるため,できるだけ早期に税務・会計に関する専門家に相談するのが望ましいものといえます。

❹ 銀行口座の開設と資本金の払込み

工商登記の完了後,3か月以内に投資プロジェクト許可書に記載される一定金額以上(※)の資本金の資本金口座への払込みが必要になります。資本金口座の開設には,事前にプロジェクト許可,工商登記,印鑑作成,組織機構コードの取得,外貨登記,税務登記の各手続きが完了していることが必要になります。また,銀行口座開設に当たっては,原則として法定代表者の身分証明書(パスポート等)の原本の提示が必要とされていますので,この点には注意が必要となります。

(※) 一定金額について,外商独資企業実施細則は登録資本金の15％以上と規定していますが,公司法では登録資本金の20％以上と規定しており,不統一な規定となっています。

5　払込資本金の登記と人民元基本口座の開設

　外国投資者から資本金が払い込まれた後，会計事務所による験資手続きを経て工商行政管理局において払込資本金の登記を行います。これによって正式に法人としての営業活動が可能となります。

　払込資本金が登記された後，人民元基本口座を開設して資本金を人民元に転換して使用することが可能となります。また，税務局において領収書（発票）の発行を可能とするための手続きを行い，営業取引の開始に備えることになります。

5　現地法人設立の準備

現地法人設立のために，どのような準備が必要ですか？

> 中国現地法人は，中国国内法に基づいて成立する中国国内の経営主体ですので，中国の法令が要件とする最低限の条件を満たしつつ，法人の基本事項を確定する必要があります。また，設立後の会社経営上必要となる事項についてもあらかじめ検討を開始しておく必要があります。

　中国現地法人は，日本など中国国外の会社からの出資を受けますが，中国国内法に基づいて成立する中国国内の企業法人です。そのため，設立される現地法人は，中国の法令が要件とする最低限の条件を満たす必要があります。現地法人の設立手続きに当たっては，このような最低限の条件を満たすことを確認しながら，現地法人の基本事項を確定させていくことになります。

　現地法人の基本事項は，設立予定の現地法人の業種や態様によっても異なりますが，どのような業種の現地法人にも共通する一般的な基本事項としては，以下のような項目が考えられます。

基　本　事　項	
（ア）　名称に関する事項	中国語の名称の検討と英語表記
（イ）　出資に関する事項	共同出資者（合弁）の有無
	登録資本金と投資総額の検討
	現物出資の有無
（ウ）　経営に関する事項	経営範囲
	経営期間
	経営住所
（エ）　役員等に関する事項	法定代表者の人選
	董事人数及び人選
	監事人数及び人選
	総経理の人選

以下では，上記のうち，特に重要と考えられる事項について説明します。

1　名称に関する事項

現地法人の設立手続きの初期段階で検討する必要があるのが名称です。中国語の名称は，現地法人の登記手続きに先立って工商行政管理局で仮登記が必要になります。

中国における企業法人の名称は，以下のようなルールの下で設定する必要があります。

【登録地】＋【屋号】＋【業種】＋【企業法人の形態】

上海　賽宜沃　企業管理咨詢　有限公司

【登録地】　現地法人の設立予定住所の所在地名が入ります。
【業　　種】　現地法人の経営範囲から想定される業種が入ります。
【企業法人の形態】　現地法人の場合には，通常，『有限公司』が入ります。
　　※　【登録地】は，【屋号】と【業種】の間，もしくは【業種】と【企業法人の形態】に（　）表記で挿入することが可能です。

　なお，名称仮登記の登記事項ではありませんが，貿易や外貨決済に当たって必要になるため，あらかじめ現地法人名称の英語表記も検討しておく必要があります。

❷　出資に関する事項　—　登録資本金と投資総額

　現地法人を設立するためには，投資プロジェクトに対する中国政府からの許可を取得する必要があります。申請する投資プロジェクトでは，『登録資本金』と『投資総額』を明確にする必要があり，設立される現地法人は，この『登録資本金』と『投資総額』に拘束されます。

(1)　登録資本金

　通常，現地法人は有限責任公司の形態の企業法人として設立されますが，有限責任公司の登録資本金とは，現地法人の設立に当たって出資者が現実に払い込まなければならない金額（いわゆる『資本金』）のことをいいます。
　登録資本金に関しては，最低資本金の規制がありますが，金融，物流，インターネット販売，印刷などの特別に規制されている業種を除いた一般的な有限責任公司の最低資本金は３万ＲＭＢとされています。

(2) 投資総額

　これに対して，投資総額とは，中国国外の投資者が投資プロジェクトの金銭的な規模を示す金額を指します。言い換えると，設立される現地法人に「投入される外貨（外国貨幣）」の限度額ということもできます。

　この現地法人に「投入される外貨」には，①資本金として払い込まれるもの（登録資本金），②借入金として払い込まれるもの（外貨借入額）の両者が含まれます。

$$\text{投資総額} = \text{登録資本金} + \text{外貨借入額}$$

　法令上，以下のように，投資総額に占める登録資本金の割合の最低限度が定められています。

【投資総額に占める登録資本金の割合の最低限度】

投資総額（USD）	登録資本金／投資総額
3,000万USD超〜	3分の1以上
1,000万USD超〜3,000万USD以下	40％以上
300万USD超〜1,000万USD以下	50％以上
〜　300万USD以下	70％以上

(3) 投 注 差

　前述のように，投資総額には『登録資本金』と『外貨借入額』が含まれ，登録資本金については全額の払込義務があります。一方で，外貨借入額については，実際に借入れの実施が強制されるものではないため，『外貨借入限度額』としての意義を有することになります。外貨借入限度額は，以下のような算式で表記することができますが，法令上，投資総額と登録資本金との関係が規制されていることによって，外貨借入限度額が規制されているということができます。

> 投注差(外貨借入限度額)　＝　投資総額　－　登録資本金

　この外貨借入限度額は，『登録資本金（注冊资本）』と『投資総額』の差額ですので，中国語表記のそれぞれの頭文字をとって，投注差と呼ばれることがあります。

6　法人口座の開設

> 法人の銀行口座には，どのようなものがありますか？

> ☑　中国で現地法人を設立すると，必ず法人口座を開設しなければなりません。口座の種類と用途は中国の中央銀行である中国人民銀行が発行した法令によって，厳格に制限，管理されています。

❶　口座種類

法人口座とは，法人名義で設立される口座のことです。口座の使用用途によって，①基本口座，②一般口座，③専用口座，④臨時口座の4種類に大別されます。

【法人口座の種類と用途】

種　　類	用　　　　　途
（ア）　基本口座	法人が日常業務を進めるために行う口座振替，現金収支を目的とする口座です。従業員賃金，社内で保管される現金の収支も基本口座の使用範囲に含まれています。
（イ）　一般口座	法人の借入金などに関する決済を目的とする口座です。主に借入金振替，借入金返済の際に使用されます。ただ，制限事項として，一般口座への現金預入は可能ですが，現金引出は不可能です。
（ウ）　専用口座	法律，法規などが規定する特定用途に使用する資金に対する管理と使用を目的とする口座です。特定用途には，建設資金，証券取引資金，信託基金，住宅基金，社会保障基金などが含まれています。
（エ）　臨時口座	法人の臨時的な需要により，規定期限内に使用されることを目的とする口座です。臨時的な需要には，臨時機構を設立する場合，他所で臨時的な経営活動を行う場合，会社設立前の資金運用を行う場合が含まれます。臨時口座の法定有効期限は2年以下となります。会社設立前の資金運用について，臨時口座を通して行う場合は，取引ごとに地域の外貨管理局と口座開設銀行などから厳格な証憑照合を要求される可能性があります。

2　法人口座の管理原則

　基本口座は1法人につき，原則1口座のみ開設することが可能です。基本口座は上記4種類の銀行口座内で唯一現金引出に対応可能な口座です。しかし，現金引出には金額制限が設けられています。基本口座からの現金引出限度額は1日当たり5万元と規定されており，限度額を超過する場合は事前予約が必要になります。ただし，毎月の従業員賃金を引き出す際は賃金明細を添付することで例外的認可により，現金引出に対

応する銀行が多数存在します。

　法人は，口座の種類に関わらず口座開設する銀行を選択することができます。一方，銀行も依頼された法人の口座を開設するか否か選択することができます。そのため，多くの銀行では，法人が口座を開設するに当たって法律が定める最低登録資本金より高額な預金額を要求しています。そして，その要求額を下回る預金額であるときには，銀行が法人の口座の開設を拒否する場合があります。

　銀行には口座の開設者情報に対して守秘義務があります。銀行は，国家法律と行政法規において特別な規定がある場合を除き，口座残高や取引額などの情報について，いかなる機関又は法人による調査を拒否することが可能です。この守秘義務は法人口座のみでなく，個人口座にも義務付けられています。

3　法人口座の開設

　法人が口座を開設する際には，「開戸申請書」によって，銀行と銀行口座管理協議を締結し，双方の権利と義務を明確にします。その後，銀行は法人に営業許可書原本などの関連資料を要求し，各地の中国人民銀行に登録します。法人口座を開設するに当たり，以下の事柄には特に注意が必要です。

(1) データベースへの印鑑の登録

　法人の各種印鑑による明晰な押印を銀行のデータベースに登録する必要があります。登録に必要となる印鑑は，以下の２つです。
　①　法人の公印又は財務専用印
　②　法定代表人印又は授権代理人印
　　※　代表者又は代理人の署名で代用可能な銀行も存在します。

　実際に銀行業務を行う際は上記①と②両方の登録印鑑の押印を要求されます。そこで，様々な用途で使用される可能性がある法定代表人印は日本本社で管理し，現地法人では日常頻発する銀行業務に対応するため，授権代理人印のみを管理する企業も多く見受けられます。

(2) 臨時口座の開設

　法人を設立する際，営業許可書取得までの資金繰りを行うために，通常は臨時口座を開設して利用します。臨時口座開設に当たっては，日本で取得した駐日本中国大使館の承認済み本社登記簿謄本が要求されます。さらに，工商行政管理部門発行の企業名称確定を証明する「名称预先核准通知书」も提出が必要になります。

　また，開設後の臨時口座から，取引先へ振込業務を行うためには，業務ごとに外貨管理局の許可が必要となります。この許可取得に当たり，本来は取引先が報酬を受け取った後に発行する発票を，外貨管理局が事前に要求する可能性が高く，取引先との交渉が必要になる場合があります。

7　中国におけるビザの種類と申請方法

> 就業ビザ取得の手順と期間，費用はどのようになっていますか？

> ✓　中国で1年以上勤務する常駐者の場合は，就業ビザであるZビザの取得が必要となります。Zビザを取得した上で，中国国内における就業証，居留許可を申請，取得することになります。

1　ビザの種類

　日本国籍の人が観光，商用，親族訪問，通過の目的で中国入国する場合は，滞在日数が15日以内に限りビザの取得が不要です。それ以上の日数，または訪中目的が異なる場合，目的に適する種類のビザを取得しなければなりません。その中でも代表的なものに，①観光目的のLビザ，②訪問目的のFビザ，③留学目的のXビザ，④就労目的のZビザがあります。さらに，各種ビザには有効期限と出入国可能な回数が違うものがそれぞれ存在しています。今回は，中国において1年以上の期間にわたって，ビジネス目的で滞在する方が取得する④Zビザについて紹介します。

2　Ｚビザについて

「外国人在中国就业管理規定」によりますと，外国人が中国で就労する場合，まずは就労ビザを取得して中国に入国しなければならず，入国後に「外国人就業証」と「居留許可」を取得して初めて中国において就労可能となります。ここでいう就労ビザとはＺビザを意味します。Ｚビザの有効期間は通常１年であり，有効期限内であれば何回でも出入国が認められるマルチビザが一般的なものになります。しかし，近年増加を続ける外国籍労働者を制限する意味で，取得条件として職歴が２年以上必要であるという条件が追加されました。

3　Ｚビザ申請手続

中国で就労する外国人は，「外国人就業許可証書」と「被授権単位査証通知表」（ビザ授権通知書），およびパスポートを中国大使（領事）館に提示してＺビザの取得申請を行い，中国に入国する必要があります。上述の「外国人就業許可証書」と「被授権単位査証通知表」は中国側で取得する必要があります。Ｚビザ取得後，中国に入国して「就業証」を取得することになります。Ｚビザの有効期限は３か月とされており，その間に中国に再入国して，入国後30日以内に「就業証」を取得し，公安機関で「就業証」と「居留許可」の切替手続を行わなければなりません。

書類取得の方法は，地域によって異なり，さらに予告なしに変更される場合もありますので，実際に取得する場合には，その地域における事前確認が不可欠といえます。ここでは，特に上海で上記証書類を取得する方法と，日本において中国大使館で行うＺビザ申請について，説明します。

(1) 外国人就業許可証書（上海市での取得）

① 必要書類

（ア）	雇用企業の公印が押印された外国人就職申請表
（イ）	雇用企業の公印が押印された批准証書，営業許可書，組織機構コード証のコピー
（ウ）	雇用企業の公印が押印された赴任予定者の履歴書（最終学歴が記載されており，中国語記述であること）
（エ）	過去，または現在の雇用企業が発行する赴任予定者の職歴証書。現在，上海ではＺビザの発行に当たり，職歴が２年以上であることが条件とされています。
（オ）	赴任予定者の学歴証明が可能な書類
（カ）	赴任予定者のパスポートコピー
（キ）	办理境外人员就业手续用户卡（外国人就業手続ユーザーカード）

② 申請方法

申請に当たってはまず，「上海市人力資源和社会保障局外国人，台港澳人員就業申請網」のホームページ（http://wsbs.shwjzx.12333sh.gov.cn/web.web Action.do?method=indexPage）にてネット申請を行う必要があります。ネット申請において，必要書類を「上海市外国人就業中心」の窓口に提出する日時を予約することが可能です。予約日時は申請表上に明記されますので，ネット申請が受理されれば，予約日に上記書類をもって「上海市外国人就業中心」の窓口で交付を受けられます。

(2) 被授権単位査証通知表（上海市での取得）

① 必要書類

（ア）	「外国人就業許可証書」の原本と裏表のコピー
（イ）	雇用企業の公印が押印された営業許可書コピー
（ウ）	赴任予定者のパスポートコピー
（エ）	被授権単位査証通知表の申請表

② 申請方法

申請は、「网上办理外国人入境签证邀请函」のホームページ（http://218.242.140.220/ws/input/login.asp）にてネット申請を行います。ただし、浦東新区に属する企業は「浦東新区人民政府外事办公室」のホームページ（http://usercenter.pudong.gov.cn/website/waishi/index.jsp）からの申請になります。ネット申請において、必要書類を窓口に提出する日にちを予約することが可能です。予約日時は申請表上に明記されますので、ネット申請が受理されれば、予約日に上記書類をもって窓口で交付を受けられます。

(3) ビザ申請（日本での手続き）

① 必要書類

（ア）	パスポートの原本
（イ）	証明写真1枚
（ウ）	被授権単位査証通知表原本
（エ）	赴任予定者の「外国人就業許可証書」原本とコピー
（オ）	中華人民共和国査証申請表

② 申請方法

Ｚビザの申請は日本にある中国大使館（領事館）で行う必要があります。上記必要書類を直接最寄りの中国大使館（領事館）に提出すると，申請期間と交付日時を伝えられますので，指示通りにＺビザを取得することが可能です。赴任者の帯同家族がＺビザを申請する際は，「外国人就業許可証書」を提出する必要がなく，赴任者との家族関係を証明する戸籍謄本等の証明書類の提出が必要となります。

(4) 健康診断書

① 必要書類

（ア） パスポートの原本とコピー
（イ） 証明写真4枚
（ウ） 雇用企業の営業許可書コピーまたは，赴任予定者の「外国人就業許可証書」コピー

② 診断方法

健康診断は，「上海国際旅行卫生保健中心」のホームページ（http://www.sithc.com/）にて健康診断日時について，ネット予約を行います。予約が受理されれば，予約日に指定された場所で健康診断を受けられます。受診者数にもよりますが，診断自体は3時間程度で終了します。診断結果は郵送受取りか，指定日に取りに行くかの方法の選択ができます。異常個所に対する再診断が必要と判定された場合には，指定項目を再度受診する必要があり，診断書の交付が遅れてしまいます。そのため，ビザ申請に有効な範囲内で，なるべく早めに健康診断を済ませておくことをお勧めします。

【中国で就労するまでの手順】

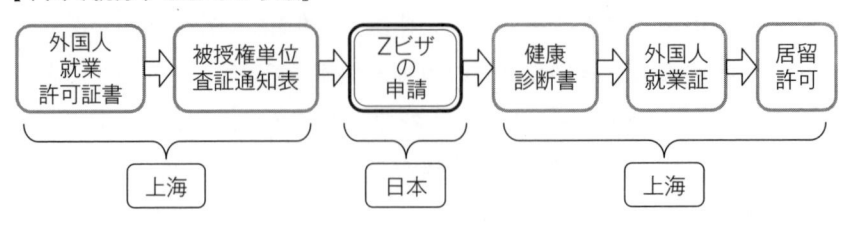

外国人就業許可証書 → 被授権単位査証通知表 → Zビザの申請 → 健康診断書 → 外国人就業証 → 居留許可

- 外国人就業許可証書・被授権単位査証通知表：上海
- Zビザの申請：日本
- 健康診断書・外国人就業証・居留許可：上海

8　中国における就業証と居留許可の取得

> Ｚビザ取得後，中国でどのような手続きが必要になりますか？

☑　Ｚビザを取得後，中国で赴任して実際に就業するためには，中国入国後に外国人就業証と中国国内における居留許可を申請，取得する必要があります。

■1　外国人就業証の取得

① 必要書類

(ア)	「外国人就業登記表」2部
(イ)	雇用企業と赴任予定者の労働契約書コピー
(ウ)	赴任予定者の「外国人就業許可証書」原本
(エ)	「境外人員体格検査記録験証証明」原本
(オ)	赴任予定者のパスポートとＺビザの原本とコピー
(カ)	証明写真3枚
(キ)	办理境外人员就业手续用户卡（外国人就業手続ユーザーカード）

② 申請方法

申請は,「上海市人力資源和社会保障局外国人,台港澳人員就業申請網」のホームページ（http://wsbs.shwjzx.12333sh.gov.cn/web.webAction.do?method=indexPage）にてネット申請を行います。ネット申請において,必要書類を「上海市外国人就業中心」の窓口に提出する日を予約することが可能です。この就業証取得に当たり,初めて健康診断証明を要求されます。予約日時は申請表上に明記されますので,ネット申請が受理されれば,予約日に上記書類をもって「上海市外国人就業中心」の窓口で交付を受けられます。

❷　住宿登記証明の取得

① 必要書類

（ア）	赴任予定者が生活する部屋に関する賃貸契約書
（イ）	赴任予定者が生活する部屋の大家の身分証明である「房主戸口本」
（ウ）	赴任予定者が生活する部屋の登記証である「房産証」
（エ）	赴任予定者のパスポート原本

② 申請方法

赴任予定者が中国に到着して24時間以内に,居住地域の管轄派出所に上記書類を提示すれば,即時交付を受けられます。居住地の変更,パスポートの交換や更新がない限り,住宿登記は初回入国時に行っておけば,入国ごとに行う必要はありません。

3 居留許可の取得

① 必要書類

（ア）「外国人査証，居留許可申請表」
（イ）上海の「住宿登記証明」のコピー
（ウ）「境外人員体格検査記録験証証明」原本
（エ）雇用企業が独自で作成する「居留許可申請書」
（オ）雇用企業の営業許可書
（カ）証明写真1枚
（キ）「外国人就業証」と「外国人就業登記表」の原本
（ク）「組織機構代碼証」コピー

② 申請方法

　申請に当たっては，「上海市公安局出入境管理局电子政务平台」（http://180.168.211.10/eemis_tydic/）にてまずネット申請を行います。ネット申請中，窓口に資料を提出する日にちが予約できます。予約日に赴任予定者本人が出入国管理局にて上記の書類を提出すれば，約1時間後に交付を受けられます。居留許可の取得費用は居留期間が1年未満の場合は400元，1～3年の場合は800元，3～5年の場合は1,000元と3段階に設定されています。

第Ⅱ章　中国の税制の概要

1　中国の主要な税

> 中国の主要な税とは，どのようなものですか？

> ✓　中国においては，「増値税」,「営業税」,「個人所得税」,「企業所得税」の４種類が主要な税といえます。このうち,「増値税」と「営業税」は消費課税,「個人所得税」と「企業所得税」は所得課税となります。
> 　中国の税収のうち約６～７割は「増値税」,「営業税」といった消費課税によって占められており特徴的といえます。

❶　所得課税と消費課税

　どこの国でも，それぞれの主権に基づいた実に多様な税制が構築されています。しかし，そのような多様な税制も，何に課税するかといった課税物件の視点からすれば，おおよそ「所得」,「財産」,「消費」の３つに区分することができます。この内「消費」については所得の低い層の人々の税の負担率が相対的に高くなるといった「逆進性」が問題視され，一方,「所得」については，すべての所得が網羅的に把握されないといった問題点が挙げられます。したがって，各国はこれら「所得」,「財産」,「消費」を適度にミックスした税制を構築しています。一般的に，新興国においては国民の所得を正確に把握することが困難であるこ

と，また税の徴収が比較的に行いやすいといった理由から，消費課税を中心とした税制が構築されるといった傾向が見られます。

2 中国の基幹税

中国の主要な税は，所得課税である「個人所得税」と「企業所得税」，消費課税である「増値税」，「営業税」といえますが，税収の約6～7割が「増値税」，「営業税」に代表される消費課税で占められております。したがって，中国の基幹税は「消費」を課税物件においた消費課税といえます。この点で，所得課税を基幹税とした税制が構築されている日本とは相違するものといえます。しかし，昨今の中国経済の急激な発展を受け，中国においても日ごとに所得課税が重要視されてきています。

2　増値税の概要

> 中国の「増値税」とは，どのような税ですか？

> ✓　「増値税」は日本の「消費税」に相当する付加価値税です。したがって，基本的な考え方は日本の「消費税」に類似していますが，その仕組みは大きく相違します。
>
> 「増値税」は中国の基幹税の１つでもあることから重要な税目といえます。したがって，中国にてビジネスを行う場合，まずは「増値税」の特徴を理解することが必要です。「増値税」の特徴は以下の通りです。

1　「増値税」の特徴

「増値税」は物品の消費に対して課される税で日本の「消費税」に相当します。その仕組みは多くの国で採用されている付加価値税といわれるもので，製造から小売りまでの各段階の付加価値が課税標準とされます。具体的には，各事業者が売上に対する税額から仕入に対する税額を控除した残額を納税することにより，付加価値分に相当する納税が実現されます。

中国の増値税は以下の点が特徴的といえます。

- 基本税率が17％と日本の消費税に比して高率
- 穀類や水道水といった一定の物品には13％の特別税率が適用される

2 仕入税額控除の仕組み（増値税専用発票とは）

　増値税は付加価値税の一種であることから，事業者の納税額は原則的に売上に対する税額から仕入に対する税額を控除することにより計算されます（※1）。その際，仕入に対する税額を控除することを「仕入税額控除」と呼びますが，仕入税額控除ができる仕入税額は，税務局によって管理されている「増値税専用発票」に明記された増値税額とされます（このような方式は一般的に「インボイス方式」と呼ばれています）。

　すなわち，仕入先から「増値税専用発票」を受け取っていない限り，当該仕入が実際に発生していても，当該仕入代金を仕入先に支払済であっても，当該仕入に対する税額を控除（仕入税額控除）することは不能とされます。

　日本の付加価値税である「消費税」においては仕入税額控除について「帳簿方式（帳簿の記載に基づいて計算された仕入税額を控除するもの）」が採用されており，中国の増値税のように仕入税額控除を行うための専用伝票は必要とされません。中国の「増値税」は日本の「消費税」に対して，この点が特徴的といえ，この「増値税専用発票」の仕組みを理解することが重要となります。

（※1）　小規模納税者とされる場合，徴収率3％の簡易な納税制度が適用されます。

3　営業税の概要

> 中国の「営業税」とは，どのような税ですか？

> ✓　「営業税」は「増値税」と共に中国の基幹税の1つといえます。「増値税」と同様に消費課税の1つとされますが，課税の仕組みは増値税のそれと大きく異なります。したがって，「増値税」との違いを認識しながら「営業税」の特徴を理解することが必要です。「営業税」の特徴は以下の通りです。

❶　2種類の間接消費税

　物品やサービスを購入・消費するといった事実に着目して課税がなされる税を消費課税といいます。「営業税」も「増値税」と同様に消費課税となりますが，「増値税」が物品の購入・消費に対して課される税であるのに対して，「営業税」は原則的にはサービスの購入・消費に対して課される税といった違いが存在します。

　消費課税の中で，事業者の納税する税が価格に含まれ消費者に転嫁されていくことが予定されている税のことを間接消費税と呼びます。日本の主要な間接消費税が「消費税」の1種類であるのに対して，中国では主要な間接消費税が「増値税」と「営業税」の2種類存在し，それが特徴的といえ，両者の違いを理解することが必要となります。

2 営業税の特徴
(1) 課税の仕組み

「増値税」と「営業税」はともに消費課税でありますが,両者の課税の仕組みは異なります。

付加価値税である「増値税」が納税額の計算に際して前段階に支払った税額の控除（仕入税額控除）を行うのに対して,営業税の場合,単純に売上高に一定の税率を乗じることにより,納税額の計算がなされる取引高税となっています。すなわち,営業税には付加価値税に見られるような仕入税額控除というような概念は存在しません。

(2) 税　率　等

「営業税」はサービスの消費等を課税対象とします。具体的には,営業税暫定条例に規定される7種類の業種と2種類の取引（※1）について,それぞれの業種ごとに定められた税率により課税されますが,多くの業種は5％の税率が適用されています。

(※1) 運輸業,建設業,金融保険業,郵便通信業,文科体育業,娯楽業,サービス業,無形資産譲渡等,不動産販売

4　中国の消費課税の一本化

中国の「増値税」と「営業税」の一本化とは，どのようなことですか？

> 2012年1月より，試行地域とされた上海市では，一部の業種について「営業税」の納税義務者から「増値税」の納税義務者に変更する政策が実施されています。この政策は段階的に適用地域が拡大されつつあります。
> これらの地域では消費課税が増値税に一本化されることにより，企業発展の促進が期待されています。

1　消費課税の一本化

　中国の消費課税はⅡ-2および3に記載した通り，「増値税」と「営業税」の2つの主要税目が存在する制度となっています。

　しかし，中国財政部と国家税務総局の省令（※1）により，2012年1月から上海市において，これまで営業税の納税義務者とされてきた業種のうち，一部の業種を増値税の納税義務者に変更するとした政策が試行され，順次段階的に適用地域が拡大されつつあります。すなわち，これらの地域では消費課税の（増値税への）一本化に向けた試行政策が実施されています。

2　一本化の目的

Ⅱ－3に記載した通り,「営業税」は取引高税でもあることから,納税義務者である事業者は前段階に支払った税額の控除（仕入税額控除）ができず,その税負担を売上価格に転嫁することになります。したがって,「営業税」と「増値税」が並立している現状では,企業間取引ごとに消費課税の税負担が累積する場合が想定されます。これは最終消費者の実質的な税負担の増加原因となることから経済発展の弊害となり得ます。

したがって,「営業税」を廃止し,消費課税を「増値税」に一本化することにより,これらの弊害を除去し企業の発展を促進することが当該試行の目的とされています。

（※1）「営業税改増値税試点方案」財税（2011）110号

5　個人所得税と企業所得税の概要

> 中国の「個人所得税」と「企業所得税」は，どのような概要ですか？

✓　「個人所得税」も「企業所得税」も個人または企業の所得に課税を行うという点では，日本の所得税，法人税と同様の税といえます。しかし，課税の仕組みは異なる点が存在します。それぞれの概要は以下の通りです。

1　「個人所得税」

中国の「個人所得税」は，個人の所得に課税する税で日本の所得税に相当しますが，所得の種類ごとに別々に課税を行うという「分離課税方式」が採用されており，一部の所得を除いた所得を合計して課税するという日本の「総合課税方式」とは異なる点が特徴的です。

具体的には，個人の所得を11種類（※1）に分類し，給与所得と事業所得は超過累進税率による課税がなされ，その他の所得については，それぞれに規定される税率により課税がなされます。

日本において個人の所得に課税する税は，所得税に加えて個人住民税（都道府県民税・市町村民税）が存在します。一方，中国の場合，個人の所得に課税する税は「個人所得税」のみとなります。中国の「個人所得税」は地方税務局が徴収しますが，税収は中央政府が60％，地方政府が40％の共有税となっていることから，厳密にいえば，中国の「個人所得税」は日本の所得税のみではなく，個人住民税にも相当するものといえます。

2 「企業所得税」

　中国の「企業所得税」は企業の所得に課税する税で，日本の法人税に相当します。「企業所得税」の基本税率は25％（※2）とされ，日本の法人税等に比べて税率が低い点が特徴といえます。

　課税年度は1月1日から12月31日の一暦年とされます。企業は毎月または四半期ごとの実際の所得に基づいた予定納税を通じて，確定申告・納税を課税年度終了後5か月以内（翌年5月末）に行うことになります。

（※1）　給与所得，事業所得，請負経営所得，役務報酬所得，原稿料所得，使用料所得，利子・配当所得，資産賃貸料所得，資産譲渡所得，一時所得，国務院財政部門の規定によるその他の所得の合計11種類
（※2）　一定の小規模企業には20％の軽減税率が適用されます。

第Ⅲ章　中国赴任者の日本・中国の税務

1　中国赴任者の日本の税務

(1)　日本払い給料の取扱い

> 中国赴任後に日本の会社から支払いを受ける給料について，日本の所得税の取扱いはどのようになるのですか？

> ✓　中国赴任者の赴任期間に加えて，受け取る給料が日本国外，日本国内いずれの勤務に対応するものかによって，日本の所得税が課税されるか否かが判断されます。具体的には以下の通りです。

❶　居住者・非居住者とそれぞれの納税義務の範囲

　所得税法では所得税の納税義務者は居住者と非居住者に区分され，居住者は全世界の所得について課税がなされる（※1）のに対して，非居住者は日本国内で発生した所得についてのみ課税がなされます。すなわち，居住者は所得の発生地がどこであろうとも所得税の課税を受け，一方，非居住者は国外で発生した所得について所得税の課税は受けないことになります。

　したがって，海外に赴任する者の受け取る給料について日本の所得税の納税義務を判断する場合，以下の2つの点について整理が必要となり

ます。
- 赴任者は所得税法上，居住者・非居住者いずれに該当するのか
- 所得税法上，赴任者が受け取る給料はどこで発生した所得となるのか

上記の2点について整理をし（※2），赴任者が非居住者に該当し，かつ赴任者の所得が日本国外で発生している場合には，その所得への日本の所得税の課税は行われません。

(1) 居住者・非居住者の判定

所得税法上，原則的には居住者・非居住者の判定は日本国内における「生活の本拠」の有無にて判断がなされます。しかし，この「生活の本拠」の有無はその者の状況に応じて総合的に判断される必要があり，判定に苦慮する場合が想定されます。実務的には，たとえば会社から3年間の海外赴任を命じられた海外赴任者のように，あらかじめ1年以上にわたる期間の海外居住が予定されている場合（※3）については，日本を出国した翌日から非居住者に該当するものとして取り扱ってよいこととされています。

海外赴任者について居住者・非居住者の判定を行う場合には，当該海外赴任者の赴任期間がどのように定められているかについて，会社から発行される出向通知書等により確認を行い判定することになります。

(2) 所得の発生地

所得税法上，日本国内で発生したとされる所得（以下，「国内源泉所得」とします）は所得の種類ごとに定められております（※2）。一般にサラリーマンと呼ばれる給与所得の場合には，日本の国内の勤務にかかるものについては日本の国内源泉所得に該当し，日本の国外の勤務にかかる

ものについては日本の国外で発生した所得とされます。すなわち，給与所得における所得の発生地は勤務地により判定がなされることになります。

2 海外赴任者の日本で受け取る給料

　日本の会社から数年間にわたる期間の海外赴任を命じられたサラリーマンの場合，海外への赴任後においても日本の会社から海外赴任者の日本の銀行口座に（一般的に「留守宅手当」、「日本払給料」と呼ばれたりする）給料が支払われる場合が少なくありません。

　この場合，海外に赴任するサラリーマンは赴任の翌日から日本の所得税法上非居住者とされ，受け取る給料が赴任後の勤務に対応するものである場合には，それが日本の会社から支払われているものであっても，日本の銀行口座に振り込まれているものであっても，日本の国外で発生した所得とされ，日本の所得税は課税されないことになります（※4）。

（※1）　居住者のうち非永住者（日本国籍を有しておらず，かつ，過去10年以内において日本国内に住所又は居所を有していた期間の合計が5年以下の個人）は，日本の国内源泉所得及びそれ以外の所得で国内において支払われたもの又は国外から送金されたものについてのみ納税義務を負います。

（※2）　租税条約を締結している場合で，租税条約の取扱いが所得税法の取扱いと異なる場合には租税条約の取扱いが優先されることになります。

（※3）　海外赴任の期間の定めがない場合等，海外における勤務期間があらかじめ1年未満といえない場合にも出国の翌日から非居住者とされます。

（※4）　ここでいう給料は会社の使用人として受け取る給料を指しており，会社の役員が受け取る役員報酬は含んでおりません。役員報酬の取扱いはこれとは異なることになります。

(2) 役員報酬の取扱い

中国赴任後に日本の会社から支払いを受ける役員報酬について，日本の所得税の取扱いはどのようになるのですか？

> ✓ 役員報酬は使用人の給料と所得の発生地の考え方が異なることから，一般にサラリーマンと呼ばれる使用人の課税関係と異なることになります。
> 具体的には以下の通りです。

1 非居住者の納税義務

日本の所得税法上，居住者，非居住者の判定は海外に赴任する者の職位が一般的にサラリーマンと呼ばれる使用人であっても，取締役等の役員であっても取扱いに違いはありません（詳しくはⅢ－1－(1)を参照ください）。したがって，数年の期間にわたって海外に赴任する者が日本の会社の役員であったとしても，その者は出国の翌日から非居住者となります。赴任後の役員が日本の所得税法上の非居住者とされる場合，納税義務は日本の国内で発生した所得のみとなります。

2 役員報酬の所得発生地

日本の会社から支払われる役員報酬の所得の発生地は，役員の勤務がどこで行われていようとも，原則として日本国内で発生した所得とされます（※1）。この点，勤務地で所得発生地が判断される使用人の給料と取扱いが異なる点に注意が必要です。

3 海外で勤務する役員の役員報酬への課税

　上記2の通り，日本の会社から受け取る役員報酬は勤務地とは無関係に日本の国内で発生した所得とされることから，赴任後の役員が日本の所得税法上の非居住者に該当する場合であっても日本の所得税の課税所得となります。この場合，役員報酬の支払時に20％の税率（※2）で源泉徴収が必要となります（※3）。

（※1）　例えば，中国に設置した駐在員事務所の首席代表に日本の会社の役員が赴任する場合等のように，海外赴任した役員がその法人の使用人として常勤勤務を行うような場合には，例外的に勤務地を発生地として取り扱うことになります。
（※2）　平成25年1月1日以降に支払いを受ける場合，復興特別所得税（基準所得税額の2.1％）を合わせて源泉徴収する必要が生じます。
（※3）　役員がその法人の使用人として常勤勤務を行う場合には，勤務地が所得の発生地とされることから，その場合には所得税は課税されません。

(3) 個人住民税の取扱い

> 中国赴任後の個人住民税の取扱いは，どのようになるのですか？

> ✓　個人住民税の納税義務は，その年の1月1日に生活の本拠が地方団体内に存在するか否かで判断されます。したがって，個人住民税の納税義務は海外赴任による出国日によって変わることになります。具体的には以下の通りです。

　個人住民税とは都道府県民税と市町村民税から構成されております。その年の1月1日にその地方団体内に「生活の本拠」が存在する場合には，個人住民税の納税義務が存在し，その場合の税額計算は前年の所得を基礎として計算がなされます。

　通常，数年間にわたって海外赴任する場合，赴任後の生活の本拠は海外となります。しかし，年の途中で海外赴任する場合，赴任をする年についてはその年の1月1日に「生活の本拠」が存在することから納税義務が存在し，税額の計算が行われます。税額の計算は前年の所得を基礎としてなされることから，海外赴任をする年については，海外赴任することとは無関係に税額の計算がなされることになります。

　赴任開始の翌年以降は，その年の1月1日に「生活の本拠」が海外に移っていることから，個人住民税は課税されないことになります。

　このように，個人住民税についてはその年の1月1日現在で納税義務が判定されることから，海外赴任による出国の時期が1月1日の前後により納税額が大きく変わることになります。

(4) 赴任時の年末調整

> 中国赴任をするに際して行わなければならない所得税の手続きは，どのようなものですか？

> ✓ 海外赴任をする場合には，赴任時までに会社側にて税額の精算をするための年末調整事務が行われます。
> 具体的には以下の通りです。

　数年の期間にわたって海外赴任をする場合，出国の翌日からは非居住者となり，出国後に対応する給料には日本の所得税は課税されません（詳しくはⅢ-1-(1)を参照ください）。したがって，年の途中で赴任をする場合，居住者である間，すなわち，その年の1月1日から出国する日までの間の給与所得について，納めるべき税額と既に源泉徴収された税額を精算する必要が生じます。このような税額精算は給与の支払者（会社）により行われ，通常このような事務は年末に行われることから年末調整と呼ばれています。このように，海外赴任する者については給与の支払者（会社）により赴任時までに，通常12月に行われる年末調整に準じて税額の精算が行われます（以下，「赴任時の年末調整」とします）。

　赴任時の年末調整に際して，海外赴任者は扶養者異動の確認（「給与支払者の扶養控除申告書」の記載内容の確認と訂正）と保険料控除を受ける場合には赴任時までに実際に支払った保険料の確認と申告が必要となります。なお，この際，扶養親族の判定については赴任時の現況で判断をしますが，控除が受けられるか否かの所得の判定はその年の12月31日までの所得を見積もって判断を行う必要があり，注意が必要です。

(5) 確定申告と納税代理人

> 中国赴任をするに際して，所得税の確定申告が必要となる場合に，どのような手続きが必要ですか？

> ✅ 給与所得以外の所得が存在する場合などは，海外赴任に際して確定申告が必要となります。その場合には納税代理人の選任が必要となります。
> 　具体的には以下の通りです。

1　確　定　申　告

　数年の期間にわたって海外赴任をする場合等，赴任後に日本の非居住者となる場合において，その年の1月1日から出国までの間に給与所得以外の一定の所得（※1）が存在する場合や，出国後からその年の12月31日までの間に，日本国内の不動産の貸付けや日本国内の資産を売却した所得などの日本国内で発生する所得が存在する場合には，確定申告を行う必要が生じます。

　逆にこれらの所得が存在しない場合には，海外赴任に際して，会社側にて行われる赴任時の年末調整（詳しくはⅢ-1-(4)を参照ください）以外のその他の手続きは必要とされません（※2）。

2　納税管理人の選任

　確定申告が必要となる場合には，赴任後に赴任者に代わって確定申告の提出や納税を行う納税管理人を選任し，「納税管理人の届出書」に記載して海外赴任者の納税地を管轄する税務署に届け出る必要があります。

納税管理人は日本に住んでいる人であればどなたでも選任することができ，個人だけではなく法人も納税管理人に選任することができます。

仮に，納税管理人を選任せず赴任をしたとしても，そのことをもって何らかの罰則があるということはありません。しかし，その場合，その年の1月1日から赴任までに生じた所得については，赴任までに申告を行わなければなりません。仮に，赴任後に申告をした場合には，無申告加算税等が課されることになりますので注意が必要です。

（※1） 一定の所得とは，利子所得及び配当所得（源泉分離課税の対象となるものを除く）その他の居住者として総合課税を受けるすべての所得のことを指します。
（※2） その年の1月1日から赴任時までの給与所得が2,000万円を超える場合には，赴任時の年末調整は行われず確定申告が必要となります。

2 中国の個人所得税

(1) 居住者と非居住者

> 赴任後の中国における個人所得税の取扱いは、どのようになるのですか？

> ✓ 中国の個人所得税法では個人所得税の納税義務者は居住者と非居住者に区分され、それぞれの納税義務の範囲は異なります。したがって、中国の個人所得税の納税義務を判断する際には、中国個人所得税法上の居住者・非居住者の判定を行う必要があります。

❶ 居 住 者
居住者とは以下の2つのいずれかに該当する個人とされます。
- 「住所」を中国国内に有している
- 中国国内に満1年以上滞在している

(1) 「住所」を有する場合
「住所」を有する個人とは、戸籍、家庭、経済的利益のために中国国内に慣習的に居住する個人とされます。

通常、日本の会社から中国現地法人等に数年の期間にわたって赴任する場合には、当該赴任者は中国国内に慣習的に居住する個人とされるものと考えられます。

(2) 満1年以上滞在する場合

実務的には，中国国籍をもたない外国人は中国国内に「住所」をもたないものと推定し，(1)の「住所」の有無の判定ではなく，中国国内の滞在期間により居住者の判定を行う場合も存在しています。その場合，中国国内の滞在期間が満1年以上となれば居住者に該当することになります。滞在期間の計算は暦年（1月1日から12月31日までの期間）にてなされますが，一時的な中国からの出国（暦年にて，一度に30日を超えない，または累計で90日を超えない出国）は中国国内に滞在しているものとみなされることに注意が必要です。

2 非 居 住 者

居住者以外の個人は非居住者とされます。

(2) 納税義務の範囲

> 赴任後の中国における個人所得税の取扱いは，どのようになるのですか？

> ✓ 中国の個人所得税法では，居住者と非居住者の納税義務の範囲は異なります。したがって，中国の個人所得税の納税義務を判断する際には，居住者・非居住者の判定の次に，それぞれの納税義務の範囲を理解する必要があります。

❶ 居住者の納税義務

居住者は以下の2つに区分され，それぞれの納税義務の範囲は異なることになります。

- 中国国内に「住所」を有する個人とされる居住者
- 中国国内に「住所」を有しないが，満1年以上滞在する個人とされる居住者

具体的には，以下の通りです。

(1) 「住所」を有する個人の納税義務

所得の発生地が中国国内・国外に関わらず，すべての所得について個人所得税の納税義務を負います。すなわち，全世界の所得について中国の個人所得税が課税されることになります。

(2) 満1年以上滞在する個人の納税義務

中国国内の滞在期間に応じてさらに二分されます。

① 中国の滞在期間が5年超の居住者

　滞在期間が5年超の個人は(1)の個人と同様に，所得の発生地が中国国内・国外に関わらず，全世界の所得について個人所得税の納税義務を負います（※1）。

② 1年以上5年未満の居住者

　中国の国内で発生した所得と，中国国外で発生した所得の中で中国国内で支払いがなされるもののみについて中国個人所得税の納税義務を負います。したがって，中国の国外で発生した所得で，かつ中国の国外で支払われるものについては納税義務が存在しないことになります。

2 非居住者の納税義務

原則的には，中国の国内で発生した所得のみについて中国個人所得税の納税義務を負います（※2）。

例外的に，暦年における中国滞在期間が連続あるいは累計90日を超えない非居住者の場合には，中国国内で発生した所得が存在したとしても，当該所得が中国国外で支払われ，その所得を中国国内の組織等が負担していないことを条件に個人所得税の納税義務が免除されます。

（※1）　具体的には滞在期間が満5年を迎えた翌年，6年目からとなります。
（※2）　租税条約による取扱いが異なる場合には，租税条約が優先して適用されることになります。

(3) 給与所得の取扱い

> 赴任後の中国における給料への個人所得税課税は，どのようになるのですか？

> ✓ 赴任者が居住者に該当する場合には，中国で支払われる給料に加えて，日本で支払われる給料も中国の個人所得税の課税所得とされます。
> 具体的には以下の通りです。

❶ 居住者・非居住者の判定とそれぞれの納税義務

中国の個人所得税の納税義務を確認するためには，その者が居住者・非居住者のいずれに該当するかの判定と，それぞれの納税義務の範囲を理解する必要があります（詳しくはⅢ-2-(1)を参照ください）。

❷ 給与所得の所得発生地

日本の所得税法と同様に，中国の個人所得税法においても給与所得の所得発生地は勤務地にて判断がなされます。すなわち，中国の赴任後に対応する給料は支払者及び入金口座の所在とは無関係に中国国内で発生した所得とされます。

したがって，中国の現地法人から中国で支給される（一般的に「現地払給料」とも呼ばれる）給料はもとより，日本の会社から日本の銀行口座に支払われている給料も，赴任後に対応するものについては中国の国内で発生した所得とされます。

3 赴任者の給料に対する課税

　一般的に，数年の期間にわたって中国に赴任する者は中国の個人所得税法上居住者に該当するものと考えられます。居住者の納税義務の範囲はⅢ－2－(2)に記載した通り，3つに区分されます。しかし，そのいずれの区分においても，中国国内で発生したとされる所得は中国の個人所得税法の課税所得とされます。

　中国赴任者が受け取る給料は中国の現地法人等から中国で受給する給料はもとより，日本の会社から日本で受け取る給料についても，中国への赴任後に対応するものについては，中国国内で発生した所得とされることから，中国の個人所得税の課税所得となります。したがって，中国で受け取る給料に日本で受け取る給料を加算したすべての給料が中国の個人所得税の課税所得となります。

(4) 給与所得の申告と納税

> 中国赴任後の給与所得に対する個人所得税の申告と納税は，どのようになるのですか？

✓ 給与所得に対する中国の個人所得税の申告と納税は毎月行うことになります。その場合には，中国の現地法人から支給されている給料だけではなく，日本で支給されている給料も合算して申告・納税をする必要があります。
具体的には，以下の通りです。

1 給与所得の申告と納税

中国の個人所得税の課税所得は11種類に分類され，それぞれの所得について別々に課税を行うという「分離課税方式」が採用されており（詳しくはⅡ－5を参照ください），給与所得はそのうちの1つです。

給与所得に対する中国の個人所得税は，原則として毎月申告を行うという月次申告方式となっています。具体的には，その月の給与所得に対する個人所得税について，翌月15日までに申告と納税を行うことになります。

通常，毎月の給与所得に対する個人所得税の納税は，給与支払時の源泉徴収を通じて給与支払者の銀行口座から自動振替にて行われ，申告においても中国の給与支払者（現地法人等）の財務担当者によって，翌月の15日までにインターネットを利用した申告が行われるのが一般的です。したがって，給与所得者自身による申告と納税が行われることは一般的ではないといえます。

日本からの赴任者の場合，日本の会社から日本の口座に支給されている給料（以下，「日本払給料」とします）も中国の個人所得税の課税対象となります（詳しくはⅢ－2－(3)を参照ください）。したがって，中国の個人所得税を月次申告する際には，現地法人から支給されている給料のみでなく，日本払給料を加算して税額を計算することが必要となります。

❷　会計事務所等を通じた申告

　上記のように，中国の個人所得税の月次申告は一般的に中国の給与支払者である現地法人等の財務担当者が行い，申告には中国で支給される給料だけではなく，日本払給料も合算して申告を行う必要が生じます。この場合，日本払給料額の財務担当者への伝達が必要となります。

　現地法人等のスタッフの賃金水準と日本の会社の賃金水準にかなりの格差が存在し，そのことがあからさまに露見することが現地法人の運営に支障をきたす恐れのある場合などは，現地法人の財務担当者による個人所得税の申告を避け，現地法人の給与計算から申告までを会計事務所に依頼するケースや，あえて給与所得の月次申告と納税を赴任者自らが行うといったケースも少なからず見受けられます。

(5) 給与所得の税額の計算

> 中国赴任後の給与所得に対する個人所得税額の計算は，どのようになるのですか？

☑ 給与所得に対する個人所得税は課税所得に超過累進税率を乗じることにより計算されます。課税所得と超過累進税率は以下の通りです。

1　課税所得

課税所得の計算方法は以下の算式の通りです。

> 給与所得の課税所得＝給与総額－中国の社会保険料－費用控除

上記の算式の内，「費用控除」は中国人の場合3,500RMB／月，外国人の場合4,800RMB／月となっております。この「費用控除」とは日本の所得税における給与所得控除類似の控除と位置づけられますが，日本の給与所得控除が給与額に応じて増額する控除であるのに対して，中国の費用控除は給与額に応じることなく一定額といった特徴があります。

2　個人所得税額の計算

給与所得に対する個人所得税額の計算方法は以下の算式の通りです（※1）。

> 個人所得税＝給与所得の課税所得×適用税率－速算控除額

上記の算式の内,適用税率と速算控除額については下表の通りです。

なお,中国では手取額によって給与を認識するのが一般的であることから,手取額から税額が算出することができる超過累進税率表と税額の算式が別途用意されています。これは手取額から税額を簡単に算出することが可能となるために準備がされているにすぎず,どちらを使用して計算をしたとしても算出される税額は同額となります。

等級	課税所得金額（月額）	税率	速算控除額
1	1,500 RMB以下	3%	0 RMB
2	1,500 RMB超 ～ 4,500 RMB以下	10%	105 RMB
3	4,500 RMB超 ～ 9,000 RMB以下	20%	555 RMB
4	9,000 RMB超 ～ 35,000 RMB以下	25%	1,005 RMB
5	35,000 RMB超 ～ 55,000 RMB以下	30%	2,775 RMB
6	55,000 RMB超 ～ 80,000 RMB以下	35%	5,505 RMB
7	80,000 RMB超	45%	13,505 RMB

（※1） 中国国内に住所を有しないとされる者の個人所得税の課税所得は中国国内の滞在期間に応じて異なることから,この算式とは別に中国滞在日数に応じた個人所得税を計算する算式が別途規定されております。

(6) 賞与の税額の計算

　中国における賞与に対する個人所得税の計算は、どのようなものですか？

> 　月次課税方式である中国の個人所得税の場合、原則的な取扱いでは、賞与が支給される月はその他の月に比べて税負担が重くなるといった弊害が生じます。そこで、この弊害を解消するために特例的な計算方法が用意されていますが、すべての賞与について適用されるわけではなく注意が必要です。
> 　具体的には以下の通りです。

1　原則的な取扱い

　中国の給与所得に対する個人所得税の課税は、原則的には月次課税方式が採用されております（詳しくはⅢ-2-(4)を参照ください）。したがって、毎月の給与所得は月ごとに当月の給与所得に対応する超過累進税率により課税がなされ、賞与が支給される月については、その月の給料に賞与を加算した額に対応する超過累進税率により課税がなされることになります。

　このように、月次課税方式による場合、毎月の給与額が大きく上下に変動することによって、個人の各月の個人所得税の負担は大きく変動する結果となります。

2 賞与の特例的な取扱い

上記1の原則的な取扱いによった場合，賞与が支給される月の税負担は，その他の月の税負担に比べて重くなるといった弊害が生じます。したがって，この弊害をなくすために，賞与を給料と切り離してそれぞれ別々に課税を行うといった，特例的な計算方法が定められています。

この特例的な計算方法による賞与の税額計算とは以下の通りです。

【手順①】 賞与に適用する超過累進税率の確定
　賞与／12か月＝Ａ　このＡを基に超過累進税率を確定
【手順②】 賞与に対する個人所得税額の計算
　個人所得税＝賞与×（①にて求めた）超過累進税率－速算控除額

これにより，賞与がその月の給料と切り離されて単独にて税額計算されることから，賞与月の税負担が重くなるといった弊害が解消されることになります。

しかし，この特例的な計算方法はすべての賞与に適用できるわけではなく，適用ができる賞与は，企業の年間の業績や企業で働く個人の年間の功績を総合的に考慮して企業から年間一括して支払われる賞与等（以下「年間一括賞与」とします）と定義されております。

したがって，賞与が年間一括賞与に該当しない場合には，特例的な計算方法は適用できず，1の原則的な計算方法によることになります。

(7) 年度申告

> 個人所得税の年度申告とは，どのようなものですか？

中国の個人所得税においては，一定の要件に該当する者は1年間の所得をまとめた申告を行う必要が生じます。この制度は日本の確定申告と似ているようですが異なる点も多く，制度の概要を理解する必要があります。
具体的には以下の通りです。

1 年度申告の申告義務者

中国の個人所得税の課税所得の内，給与所得は原則として月次サイクルによる申告と納税が行われており，この月次申告は一般的には給与支払者の源泉徴収を通じた納税と併せて行われるのが一般的です（詳しくはⅢ－2－(4)を参照ください）。

このような月次申告に加えて，1年間の所得が12万RMBを超えるものなど，一定の要件に該当する個人は，翌年の3月末までに1年間の所得に対する個人所得税の自己申告（以下「年度申告」とします）を行う必要があります。

この年度申告が必要とされる者の条件は複数ありますが，日本の会社から中国の現地法人等に赴任している者が中国の個人所得税法上の居住者に該当し，かつ年間の課税所得が12万RMB以上の場合には申告義務が生じます。この場合，課税所得は中国の現地法人から支給されている給料だけではなく，日本の会社から日本で支給されている日本払給料も対象となる（詳しくはⅢ－2－(3)を参照ください）ことから，多くの赴任

者が年度申告の申告義務者となります。

2 制度の概要

　この年度申告は，給与等の受給者に「自ら申告を行う必要がある」といった申告義務を課し，申告所得に対する責任の所在を明確にしている点が特徴的といえます。

　給与所得について，月次の申告と給与支払者の源泉徴収による納税を適正に行っている場合には，この年度申告によって算出される税額は源泉徴収により既に納税された税額と同額となります。このような場合には年度申告による追加の個人所得税の納税額は発生しません。しかし，年度申告の制度は先にも述べた通り，給与受給者に申告義務を課すことを目的の1つとして導入されたものでもあることから，追加の納税額が発生するか否かに関わらず，申告の必要があることに注意が必要です。

3 租税条約による二重課税の調整

(1) 租税条約とは

> 租税条約とは,どのようなものですか?

> ✓ 1つの所得に複数の国が課税を行うという国際的二重課税を調整するために,各国は二国間の租税条約を締結しています。日本と中国の間にも租税条約が締結されています。
>
> 租税条約の主な機能は以下の通りです(※1)。

❶ 二重課税の発生

日本から中国へ出張を繰り返す者のように,生活の本拠が日本にあり中国国内の滞在日数が少ない場合,通常その者は日本の所得税法上では居住者とされ,中国個人所得税法上は非居住者とされます(詳しくはⅢ-1-(1)およびⅢ-2-(1)を参照ください)。

そのような者の給料を例にとってみると,中国国内滞在日数に相当する給料は(中国において非居住者の国内源泉所得として),原則的に個人所得税の課税対象となります。一方,日本の所得税法上,居住者の納税義務の範囲は全世界所得であることから,中国国内滞在日数に相当する給料も含めたすべての給料が所得税の課税対象となります。

したがって,このような場合,原則的には1つの所得に両国が重なり合って課税を行うという国際的二重課税が発生します。

2　二重課税の調整

　国際的二重課税は国際的経済活動の障壁ともなることから，各国はこの障壁を取り除くべく，自国の国内法に二重課税の調整を目的とした規定を設けるだけでなく，国家間の協力を図ることをもって二重課税の調整を実現するために，二国間の租税条約を締結しており，日本と中国のとの間にも租税条約が締結されています。通常，租税条約と国内法の規定が異なる場合には，租税条約の規定が優先的に適用されます。

3　租税条約による二重課税の調整

　各国の国内法の規定により国際的二重課税が発生している場合において，関係国間に租税条約が締結されており，その条約の規定に合致する場合には，（国内法の規定に租税条約の規定が優先的に適用されることにより）二重課税の調整が図られることになります。通常，二重課税の調整は，非居住者とされる国（以下，「非居住地国」とします）の国内で発生した所得への非居住地国の課税権が制限されることにより図られます。

　すなわち，1にあげた例の場合，日本と中国の国内法の原則的な適用の場合には国際的な二重課税が発生しますが，日本と中国の締結した「日中租税条約」の規定に状況が合致すれば，非居住地国とされる中国の個人所得税の課税が免除（※2）されることにより，二重課税の調整がはかられることになります。

　（※1）　租税条約の機能は二重課税の調整の他に，脱税，租税回避への対応も存在します。
　（※2）　所得の種類によっては非居住地国の所得が免除ではなく制限される場合もあります。

(2) 183日ルール

> いわゆる183日ルールとは，どのようなものですか？

> ✓ 一般的に「183日ルール」と呼ばれているものは，二国間の租税条約による給与所得の二重課税の調整を指します。日中租税条約にもいわゆる「183日ルール」は規定されておりますが，このルールが適用されるためには一定の条件を満たす必要があります。
> 具体的には以下の通りです。

1 短期滞在者免税（いわゆる「183日ルール」）

日本から中国へ出張を繰り返す者等の給与所得には，原則的に考えれば，日本の所得税と中国の個人所得税が二重に課税される部分が発生します（詳しくはⅢ－3－(1)を参照ください）。しかし，日本と中国の間にはこのような二重課税を調整すべく「日中租税条約」が締結されており，それによれば，給与所得については一定の条件に合致すれば，非居住地国（この場合には中国）での課税を免除すると規定されております。

このような給与所得における租税条約による二重課税の調整は，それが適用される条件の中に「183日」という日数基準が存在することから，一般的に「183日ルール」，「短期滞在者免税」などと呼ばれております（以下「短期滞在者免税」とします）。

2　短期滞在者免税の適用条件

　日中租税条約における短期滞在者免税の条件は以下の3つからなり，これら3つの全てを満たす場合に免税が適用されます。

条件①	滞在日数基準	暦年（1月1日から12月31日）において，非居住地国の滞在日数が183日（※1）を超えないこと
条件②	支払者基準	給料が非居住地国とされる国の企業や組織等から支払われていないこと
条件③	負担基準	給料が非居住地国とされる国の支店や工場および駐在員事務所等（※2）により負担されていないこと

　したがって，日中租税条約の短期滞在者免税が適用されるためには，条件①の中国滞在日数が183日以内という条件だけではなく，その他の二つの条件（条件②支払者基準，条件③負担基準）を同時に満たす必要があり，注意が必要です。

（※1）　入国日と出国日を含めて滞在日数を計算します。
（※2）　これらを租税条約ではＰＥ（Permanent Establishment）＝恒久的施設と呼んでいます。

第Ⅳ章　中国赴任者の労務と社会保険

1　中国赴任者の赴任形態

(1)　中国赴任者の3つの赴任形態

> 中国赴任者の赴任形態には、どのようなものがあるのですか？

> ✓　中国赴任者の赴任形態には、「転勤」、「在籍出向」、「転籍」があります。どの赴任形態を選択するかにより、中国赴任者の処遇に影響が出ます。

　中国赴任者の赴任形態には、「転勤」、「在籍出向」、「転籍」があり、これらのうち、どの赴任形態に当たるのかによって、中国赴任者の処遇が左右されます。

　中国への赴任命令は、どのような赴任形態によるのか、また、それによって赴任者の処遇はどう変わるのかを会社が説明することができるよう準備しておく必要があります。

　赴任者の赴任後の生活に関する不安を払しょくし、会社への信頼感を損なわせないことで、中国赴任者に赴任中の仕事への意欲を高く維持してもらうことができます。

(2) 中国赴任者の赴任形態 その1「転勤」

> 中国への赴任形態の中の「転勤」とは，どのようなものですか？

> ☑ 日本本社と企業の同じ組織内にある駐在員事務所への中国赴任は，「転勤」に当たります。

　継続的に同じ企業内の別の事業所に勤務場所を変更することを「転勤」といいます。中国への赴任の場合，駐在員事務所への赴任が「転勤」に当たります。中国の駐在員事務所は，正式には「外国企業常駐代表機構」といい，外国の本社を代表して，その業務範囲に含まれる準備や補助的な仕事を行う機関です。駐在員事務所は，日本本社と同じ企業内にあるため，中国駐在員は，日本本社からの転勤者と言えます。

　この場合，中国駐在員は，日本本社との労働契約を継続したまま，所属する事業所が駐在員事務所に変更され，駐在員事務所から直接指揮命令を受けることとなります。

　駐在員事務所への転勤については，生活の本拠や就労環境が大きく変わること，赴任手当や家族帯同手当等の給与に関する変更を伴うことから，労働条件の変更と認められます。

　会社としては，中国赴任について，配転命令権の根拠が就業規則に明記してあるか，当初の労働契約から判断して合理的な範囲内の人事異動であるか，海外転勤の慣行があるか，業務上の必要性があるかなど，中国赴任が適正な人事異動の範囲内であるか検証しておくべきです。転勤予定者に労働条件の変更内容を明示し，合意を得ておくことも重要です。

(3) 中国赴任者の赴任形態　その２「在籍出向」

> 中国への赴任形態の中の「在籍出向」とは，どのようなものですか？

> ✓ 日本本社から中国の子会社である現地法人に赴任する中国赴任者の多くが「在籍出向」の形態をとっています。同じ企業組織内の人事異動である「転勤」よりも，赴任者の処遇の取扱いについて注意が必要です。

　所属する事業所（出向元会社）との労働契約を継続し籍を置いたまま，出向先の会社とも労働契約を締結し，その指揮命令を受けて出向先会社の業務に従事することを「在籍出向」といいます。出向先会社と出向元会社の間には，出向社員の出向に関する出向契約が存在します。

　中国現地法人に派遣される中国赴任者の多くが，この在籍出向の形態により日本本社から着任しています。転勤とは異なり，中国現地法人への在籍出向者は，現地法人の社員の身分を有することとなり，現地法人より指揮命令を受け，労務の提供先も現地法人に変わります。社員にとっては，重大な労働条件の変更です。

　出向命令については，社員の個別同意が必要とする説と，就業規則の明確な規定や採用時の同意などによる包括的な同意で足りるとする説があります。しかし，外国である中国の現地法人への在籍出向については，著しい労働条件の変更を伴い，赴任者に与える私生活上の不利益の度合いが大きいことを考慮すると，会社としては，慎重を期し赴任者の個別同意を得ておくことが望ましい対応といえます。

(4) 中国赴任者の赴任形態　その3「転籍」

中国への赴任形態の中の「転籍」とは、どのようなものですか？

> ☑ 日本本社を合意により退職し、中国の現地法人に移籍し、労働契約を結ぶ赴任形態を「転籍」といいます。「転勤」や「在籍出向」とは違い、日本本社との雇用関係はなくなってしまいます。

　所属する事業所との労働契約を解消し、新しく転籍先の会社と労働契約を締結することを「転籍（移籍出向）」といいます。元々所属していた事業所と転籍先会社との間には、転籍に関する契約が存在します。

　中国赴任が転籍による場合、赴任者は日本本社との労働契約を合意により解消し、新しく中国の転籍先会社と労働契約を締結します。転籍後は、転籍先企業の社員として指揮命令を受け、転籍先企業に労務を提供するようになります。

　中国赴任が転籍による場合、その過程で合意退職の手続きを踏む必要があるため、必ず赴任者の個別的同意を得る必要があります。日本本社としては、転籍についての同意は書面による同意書を得ておくことが望ましいです。

2　中国赴任者への労働条件の通知

中国赴任者に出向中の労働条件は，どのように通知するのですか？

在籍出向の場合，「出向辞令」により中国赴任を命じ，出向中の労働条件は「出向通知書」により明示します。共通事項については，「海外勤務者規程」の交付により代えることもできます。

中国赴任によって処遇が変更される赴任者には，「出向通知書」などの個別の労働条件の変更通知書により赴任後の処遇を通知し，海外赴任に関する同意を書面で得ておくことが望まれます。

また，中国赴任者個々の処遇をその都度検討するのは手間がかかるため，海外赴任者の処遇に関して共通ルールをまとめた「海外勤務者規程」を作成することで中国赴任者の赴任後の労務管理をスムーズに行うことができます。

以下で，中国赴任者のうち，在籍出向者を例にとり，中国赴任時の労働条件の提示方法を確認します。

1　出向辞令

中国への赴任者の選定が固まる過程では，早い段階から赴任予定者に打診を行います。本人の意欲や適性のみだけではなく，健康状態や家庭環境など多角的な事情を配慮の上，赴任者の選定を行う必要があります。

「出向辞令」は，準備期間を与えるため，なるべく早めに発令します。

一般的に出向辞令には，就業規則の根拠，出向の年月日，出向先の会社名・住所などを明記します。

就業規則に海外への出向に関する規定がない場合は，海外への出向を命じることがあること，海外出向に対する社員の応諾義務を規定するなどの整備を行っておく必要があります。

2 出向通知書

中国への赴任を言い渡された社員にとって，赴任中の処遇に関する不安はつきものです。例えば，中国への出向期間中は賃金が出向先・出向元のどちらからどのような配分で支給されるのか，出向前よりいくら増えるのか，あるいは減るのか，家族帯同手当は支給されるのか，子女教育手当は支給されるのか，日本の社会保険には加入し続けられるのか，住宅は会社が用意してくれるのかなど，どれも赴任者にとってはとても身近で重要な疑問です。

これらの疑問に応えるのが，「出向通知書」です。出向通知書に記載する事項は，次頁のような事項が挙げられます。このほか，同時に「海外勤務者規程」を交付することも，赴任者の不安を払しょくする有効な方法です。

このようにして，中国赴任による労働条件の変更を通知し，内容を理解してもらった後，在籍出向命令を受けたこと，それに伴う労働条件の変更について説明を受け了承することについて，赴任者の署名押印をもらいます。

(ア)　出向先の社名，住所，事業内容，従業員数，資本金等
(イ)　出向先における所属・業務
(ウ)　出向期間
(エ)　処遇（賃金，勤務時間，休憩・休日，休暇，社会保険等）
(オ)　その他（「その他の事項は海外勤務者規程による」等）

3 海外勤務者規程

海外勤務者規程とは,どのようなものですか?

> ✓ 海外勤務者の処遇に関する共通ルールを海外勤務者規程にまとめておくことで,労務担当者の負担が軽減されます。国内向けの出張や出向に関する規程では対応できない事項が多いため,就業規則とは別規程として作成しておくと便利です。

海外勤務者規程に定める事項は以下のようなものが挙げられます。

	規 定 事 項
総　　　則	目的,定義,海外勤務中の所属・身分,服務　等
勤　　　務	海外勤務期間,勤務時間・休日・休暇,一時帰国休暇　等
赴　任 及び 帰　任	赴任・帰任・復職,家族帯同,支度料,旅費,特別休暇,荷造運送費　等
給　与 及び 賞　与	国内・海外給与,換算レート,給与改定,調整給,国内・海外社会保険,国内税金・海外税金　等
福利厚生	子の海外教育費,借上社宅,海外駐在員保険,健康診断　等
そ の 他	海外勤務期間中の退職,退職金　等

海外勤務者規程を整備する過程では，最初に，この規程が適用されるのはどのような海外勤務者であるか定義を明確にすることが大切です。中国への在籍出向者のみを念頭として作成するのか，あるいは，他の国への赴任者も含むのか，転勤者は対象とするのかなど検討する必要があります。

　海外勤務者規程を作成する過程で，家族帯同を原則として許可するのか，給与は手取補償方式を採用するのか，赴任に伴いいくらまで手当を加えるのか，一時帰国のための特別休暇は何日与えるのか，帰国旅費は年に何回まで補助するのか，住宅は貸与するのかなど，赴任者の処遇を具体的に検討していくことができます。

　また，想定が不足しがちなのが，赴任中に社員が退職する際，どのような対応をするかという事項です。円満な退職でない場合に，海を隔てた海外にいる退職者の処遇に関し緊急の対応をすることは難しく，労務担当者が苦慮する局面があります。したがって，あらかじめ海外勤務者規程の中で想定をしておくことが，実務上有効な対応と言えます。

4　出向契約書

> 出向契約書とは，どのようなものですか？

> ✓　「出向契約書」は出向元会社と出向先会社が，出向社員に対する使用者としての権限と責任の分担を協議し締結するものです。

　在籍出向の場合，出向中の労働者は，出向元会社と出向先会社との二重の労働契約を締結しています。しかし，出向元会社と出向先会社が全てにおいて同等の使用者としての権限や責任を受け持つわけではなく，1つの労働契約を分け合っているようなイメージを抱いた方が，出向者・出向元会社・出向先会社の三者の関係を理解しやすいものです。

　この三者の関係を整理し，出向により出向社員に不利益が生じないよう，出向元会社と出向先会社の間で使用者としての役割分担を定めるものが出向契約書です。

　出向契約書に約定される事項は，一般的に以下のようなものが挙げられます。

（ア）　出向の目的	（イ）　出向期間	（ウ）　担当業務内容
（エ）　服務規律	（オ）　給与等の処遇	（カ）　経費負担割合
（キ）　出向の中途解約手続	（ク）疑義事項の解決　等	

在籍出向者に対し，出向元・出向先のどちらの就業規則のどの部分が優先適用されるか，出向元の年次有給休暇は引き継ぐのかなど，検討します。給与，社会保険料，出向料，赴任旅費，社宅等の費用負担の検討については，税務上の寄附金との兼ね合いを考慮する必要があります。その他，人事考課の権限，懲戒の権限はどちらにあるのかといった労務管理上の重要事項も明確にしておくべきです。

　これらの事項を検討する際に，ヒントになるのが，下表に示した解釈です。下表は，過去の通達などを参考に，出向元・出向先のどちらの就業規則が優先適用されるべきかについて，一般的な解釈をまとめたものです。

就労条件関係	労働時間，休日，休暇，休憩，安全衛生，健康診断，災害補償	出向先
身分の得喪失関係	退職，定年，解雇，休職，懲戒解雇，諭旨解雇，弔慰金，退職金	出向元
双方に関係する事項	賃金，賞与，福利厚生，懲戒処分（懲戒解雇，諭旨解雇を除く）等	出向先・出向元双方

5　中国赴任者の日本の社会保険

> 中国に赴任しても日本の社会保険に加入し続けることはできますか？

> ✓　中国赴任者と日本本社との間の雇用関係が継続しているとみなされるのであれば，中国に赴任した後も，日本の社会保険に加入し続けることができます。

　中国赴任者と日本本社との間の雇用関係が継続しているかどうかの判断は，中国赴任者が日本本社から指揮命令監督の一部を受けているか，人事評価等の労務管理をされているか，日本本社に籍を残しているか，給与の支払いを受けているかといった様々な状況を総合的に検討し判断されるべきものです。

　しかし，実務上は，日本本社からある程度の給与が支払われている場合は，日本本社との雇用関係の継続性があるとして，社会保険の加入を継続させる運用が多く見られます。

　中国赴任者にとっては，日本の社会保険に加入し続けられることは，自分や家族の赴任後の生活に関わる大きな安心材料の1つです。次頁より，中国赴任者の日本の社会保険が赴任後にどのような影響を受けるのかを確認します。

6 中国赴任者の日本の医療保険

(1) 中国赴任者の日本の医療保険の継続

> 中国に赴任しても，日本の医療保険に加入し続けられますか？

✓ 日本の医療保険については，中国赴任者の赴任の方法によって，従来通り加入し続けることができる場合と，加入を継続できなくなったり，従来とは違う医療保険に切り替える必要が生じる場合があります。

中国赴任者に関わる日本の公的な医療保険には，大きく分けて「健康保険」（全国健康保険協会及び健康保険組合を保険者とする）と「国民健康保険」（市町村及び特別区，国民健康保険組合を保険者とする）の2つがあります。

一般的に企業に勤務する正社員は健康保険に加入し，自営業者，年金生活者，非正規雇用者等が国民健康保険に加入しますが，中国赴任者については中国赴任の方法によって，どの医療保険制度に加入するのかが異なります。

❶ 駐在員事務所への赴任の場合

日本本社と同じ企業内にある中国の駐在員事務所への赴任は，駐在員事務所への転勤に当たります。日本本社と中国赴任者との間には，当然雇用関係が継続しているため，従前通り日本本社の健康保険に加入し続けることができます。

2　現地法人への在籍出向の場合

　中国の現地法人への在籍出向による赴任の場合は，日本本社から給与が支給されている状況や労務管理等の実態により日本本社との雇用関係が継続しているとみなされる限り，日本本社から支給される給与額を保険料の計算の根拠として，従来の健康保険に加入し続けることができます。

　1や2のように，日本本社の健康保険に赴任者が加入し続けることができるのであれば，その扶養家族（被扶養者）についても，対象家族の範囲や生計維持要件，収入条件を満たす限り，健康保険に加入し続けることができます。

3　現地法人への転籍の場合

　現地法人への転籍の場合，転籍者と日本本社との雇用関係が解約されるため，従前の健康保険に任意継続加入するか，または国民健康保険に加入し直さなければ，日本の医療保険に加入することができません。

(1)　健康保険の任意継続加入

　健康保険の任意継続制度は，健康保険に加入する資格を失った人が，退職日までに継続して2か月以上の加入期間を有し，退職日の翌日から20日以内に届出をした場合に，最長で2年間だけ，健康保険に継続加入ができる制度です。

　本人が任意継続制度を利用する場合，生計維持の要件に該当すれば，扶養される家族も，日本残留・海外帯同の別を問わず，従前の健康保険制度に加入し続けることができます。

(2) 国民健康保険への切替え

　外国に赴任する人は，短期渡航の場合を除き，原則として市区町村で海外転出の手続きをとらなければなりません。中国赴任者も同様です。しかし，国民健康保険に加入するためには，日本国内の市区町村等に住所があることが要件とされます。市区町村等に住所のない中国赴任者は，国民健康保険に加入することができません。

　しかし，海外に転居する場合であっても，短期渡航の場合など様々な観点から，日本に生活の本拠があると判断される場合に，例外的に住民票を除票しない取扱いが認められることもあるようです。したがって，転籍の場合は，赴任前に海外転出と国民健康保険への加入について，市区町村の窓口で具体的に相談をしておくことが勧められます。それぞれの人の個別具体的な事情により例外的に，海外転出による住民票の除票の必要がない場合に限り，国民健康保険への加入も可能になるからです。ただし，この場合，住民税の課税が継続されてしまう点は理解をしておく必要があります。

　扶養家族の国民健康保険については，世帯主が海外に転出して市区町村に住所がなくなった場合であっても，世帯主変更の手続きを行うことによって，日本に残留する扶養家族が国民健康保険に加入することができます。

(2) 中国赴任者の日本の医療保険の使い方

> 中国赴任者は，日本の医療保険をどうやって使うのですか？

> ☑ 中国赴任者の医療保険については，「海外療養費」制度を活用することが勧められます。ただし，民間の海外旅行保険や海外駐在員保険を上手に併用する方法も有効です。

1 海外療養費

海外では日本の指定保険医療機関がないため，病院等で日本の健康保険を利用することができません。そこで，かかった医療費をいったん全額立替払いし，後で立替払いした金額の内，自己負担相当額を除いた金額を「海外療養費」(一般的には医療費の7割相当額) として，払い戻してもらいます。健康保険に継続加入する人（以下，任意継続被保険者という），国民健康保険の加入者に対しても，それぞれの医療保険制度において海外療養費の給付制度が用意されています。

ただ，海外療養費は，日本の診療報酬制度を基準に計算されるため，海外において医療費を立て替えた場合には，医療費の水準が日本より高いなどの理由により，医療費の7割相当額より少ない金額しか払い戻されないことがあります。

中国赴任者については，この公的医療保険制度による「海外療養費」を活用すると共に，海外旅行保険や海外駐在員保険を併用するケースが多く見られます。病院等において医療費の支払いのキャッシュレスサービスを受けることができる，通訳ガイダンスのサービスを受けることができる点でメリットが大きいからです。

中国の都市部においては，日系の医療機関が存在し，日本人赴任者向けのサービスを提供しています。中国ローカルの医療機関に比べ，費用は割高ではありますが，日本語が通じ，日本人医師が常駐している点で安心感を覚えられます。また，日本の労働安全衛生法に適した定期健康診断が提供されるなど，日本人赴任者にとっては便利なサービスが用意されています。

2 任意継続被保険者に対する保険給付

任意継続被保険者は，ほとんどの保険給付を任意継続制度への切替え以前と同様に受給することができ，上記の通り海外療養費の給付を受けることもできます。しかし，傷病手当金・出産手当金については，退職日まで1年以上被保険者であった人が退職日時点で既に給付金を受給している等の一定の場合を除き支給されません。

3 国民健康保険の保険給付

国民健康保険の給付については，健康保険と同様に海外療養費制度の利用が可能です。市区町村ごとで手続きの方法が異なりますので，海外転出前に手続きの方法を確認しておくことが望まれます。

(3) 中国赴任者の日本の医療保険料

> 中国赴任後,日本の医療保険の保険料は,どうなるのですか?

> ☑ 中国赴任後に加入する日本の医療保険制度によって,保険料の額が変動します。赴任によって,医療保険が高くなる場合もあれば,安くなる場合もあります。

1 健康保険の保険料

　中国の駐在員事務所への転勤者や現地法人への在籍出向者が,従来通り日本本社の健康保険に加入し続ける場合,その健康保険料は,日本本社から支給される給与額を計算の基礎として決定されます。

　駐在員事務所への転勤者,現地法人への在籍出向者共に,中国赴任後に日本本社支給の給与額に大きな変動があれば,健康保険料額を変更する「随時改定」の手続きを行う必要があります。

　また,在籍出向者の場合,赴任後の給与額を日本本社と現地法人との間で配分するように決定することがありますが,日本本社の給与を一定以上減額すると,健康保険料が減額されることになります。このような場合,健康保険料の負担は軽減されますが,給与額を計算の基とする傷病手当金等の給付を受け取るとき,その給付額も減額されてしまいます。

　なお,駐在員事務所への転勤者に対して,日本本社と駐在員事務所の間で給与を分けて支給したとしても,それは結局日本本社から給与を支給したことと同じであるため,転勤により給与額が大きく変更されない限り,健康保険料には原則として影響がありません。

2 任意継続被保険者の健康保険料

　健康保険の任意継続加入前は，健康保険料は，会社と被保険者で折半負担するものですが，任意継続加入後は，保険料の全額を自分で納付する必要があります。保険料額は，「退職時の標準報酬月額（上限有り）×都道府県別保険料率」によって決定されます。退職前の給与により違いはありますが，原則として従前負担していた健康保険料の２倍程度を納付しなければなりません。また，任意継続制度は，通常は加入を継続できない退職者が申し出により特別に加入することができる制度であるため，保険料が納付されなかった場合は，納付期限（毎月10日）の翌日には資格を喪失させるルールとなっています。気がついたら資格を喪失していたということにならないよう注意が必要です。

　なお，任意継続被保険者として加入できる期間は，最長で２年間です。２年間を超えると日本に住所を有しない海外赴任者は，国民健康保険への加入も原則としてできなくなります。中国では，現時点で外国人への社会保険加入の普及が全国的に進んでいない状況であるため，海外旅行保険や海外駐在員保険への加入によって万が一の事態に備えておくことをお勧めします。

3 国民健康保険の健康保険料

　国民健康保険に例外的に加入できる場合，国民健康保険の保険料は加入する世帯の人数や，前年の所得などによって決まります。この国民健康保険料の計算方法は，住所地の市区町村によって異なります。

　国民健康保険料の納付は，世帯主に納付義務があります。健康保険の保険料とは異なり，国民健康保険の保険料は，会社に代わって納付してもらうことができないため，海外赴任者の場合は，海外転出の前に納税管理人を申告する必要が生じることもあります。

7　中国赴任者の日本の年金

中国に赴任しても，日本の年金に加入し続けられますか？

> ☑　中国赴任者の赴任の方法によって，従来通り厚生年金に加入し続けることができる場合と，国民年金に切り替えなければならない場合があります。

１　中国赴任者の厚生年金

　健康保険と同様に，中国赴任者が駐在員事務所や現地法人に赴任する場合，日本本社と中国赴任者の雇用関係が継続しているとみなされる限り，厚生年金に加入し続けることができます。

　ただし，ここで気をつけなければならないのが，給与配分に関することです。

　厚生年金の保険料は，日本本社から支給される給与を基に計算されます。この保険料の納付額や納付年数が将来受け取る年金額に反映されるため，不用意に日本本社の給与を減額してしまうと，将来受け取る年金額が減ってしまうことがあり得るのです。

　特に，現地法人への赴任の場合は，赴任前の給与額に赴任手当・家族帯同手当等をプラスした額を決定し，日本本社給与と現地法人給与に配分するケースが見られます。この際に，日本本社給与を大幅に下げることは，年金額への影響が大きくなることを理解しておくべきです。

2　中国赴任者の国民年金

　転籍により中国に赴任することになる人は，日本本社との雇用関係が消滅するため，従来加入していた厚生年金に加入し続けることができなくなります。

　このような場合，中国赴任者は，国外にいるため，本来，国民年金に加入することができません。しかし，それでは将来受け取る年金額が減ったり，受給するために必要な加入年数が足りないといった不利益を被る可能性があります。

　そこで，転籍した中国赴任者や，中国で現地採用された人が利用するとよいのが，国民年金の任意加入制度です。日本国籍を持つ海外在住者の内，20歳以上65歳未満の人は手続きを行えば，国民年金に任意加入することができます。国民年金に任意加入しておくと，25年間の老齢年金を受給するために必要な加入期間を確保することや，万が一の場合に障害年金や遺族年金の支給につながるというメリットがあります。

　なお，扶養する配偶者がいる場合には，中国赴任者が厚生年金に加入し続けられなくなると，配偶者も国民年金の第3号被保険者の資格を失います。

　この場合は，60歳未満の配偶者が日本国内にいるのであれば，国民年金に加入しなければなりませんし，配偶者が中国に帯同しているのであれば，任意加入を検討することとなります。

8　中国赴任者の日本の介護保険

中国に赴任しても，日本の介護保険の加入を続けないといけませんか？

✓　中国赴任者が市区町村から住所の海外転出の手続きを行い，年金事務所等で介護保険の被保険者の非該当の手続きをすると，介護保険料を納付する必要がなくなります。

1　中国赴任者の介護保険

　年齢が40歳以上60歳未満の中国赴任者の多くは，赴任により海外転出するまでは，日本本社の医療保険制度に加入しており，それに伴い介護保険の加入者に該当しています。海外転出するまでの介護保険料は，個人負担分が健康保険料と合わせて給料から天引きされ，会社によって事業主負担分と合わせて納付されています。

　それが中国赴任により市区町村において海外転出の手続きを行うと，その市区町村に住所を有しなくなった日の翌日から介護保険の加入者としての資格を喪失します。

　この際，各医療保険制度において指定された関係機関の提出先に対し，介護保険の被保険者資格を喪失したことを届け出ておかなければなりません。例えば，協会けんぽの健康保険被保険者の場合，日本年金機構に「介護保険適用除外等該当届」を提出します。こうした手続きを行うと，介護保険料の納付義務がなくなります。

❷ 中国赴任者の配偶者の介護保険

　医療保険の加入者に扶養されている配偶者で，40歳以上65歳未満の人は，介護保険の加入者に該当します。この配偶者が，中国赴任者に帯同し海外転出する場合，赴任者本人と同様に介護保険の加入者には該当しなくなったことについて，一定の手続きをしておかなければなりません。配偶者の介護保険料は，その健康保険料と同じように実際には保険料を納付していませんが，資格喪失の届出の義務がある点に注意が必要です。

　なお，健康保険組合の加入者の配偶者で介護保険第2号被保険者に該当する配偶者が帯同せず，国内に残る場合には，中国赴任者の年齢に関わらず「特定被保険者」として，介護保険料を徴収されることがあります。加入している医療保険の各制度によって，取扱いが異なるため，具体的には各医療保険制度の窓口で手続きや保険料の納付について確認することをお勧めします。

9　中国赴任者の日本の雇用保険

> 中国に赴任しても，日本の雇用保険に加入し続けられますか？

> ✉　日本の雇用保険については，駐在員事務所への転勤や現地法人への在籍出向の場合，原則として加入を継続することができます。ただし，退職する場合に，雇用保険の給付が減額されないよう配慮が必要です。

中国赴任者が雇用保険に加入し続けるためには，健康保険や厚生年金保険の取扱いと同様に，「日本本社との雇用関係が継続している」ということが条件になります。

1　駐在員事務所への赴任の場合

日本本社から，その組織の一部である駐在員事務所に転勤する場合は，日本本社から給与の支給を受け，雇用関係が継続しているため，雇用保険の加入を継続することができます。

2　現地法人への在籍出向の場合

中国の現地法人に在籍出向する場合，出向元日本本社と出向先現地法人の双方から給与が支給されるケースが見受けられます。この場合は，出向元日本本社からの給与が極めて少額であるなど，実態として雇用関係がないと判断されなければ，日本本社との雇用関係が継続しているものとして，雇用保険に加入し続けることができます。雇用保険料については，雇用保険に加入している出向元日本本社から受ける給与のみを基

礎として計算し，納付します。

3　現地法人への転籍の場合

　現地法人への転籍の場合は，日本本社との雇用関係を終了し，中国現地法人との雇用契約を締結します。したがって，雇用保険の被保険者資格を喪失するのが原則です。

4　中国赴任者の退職と雇用保険

　中国赴任者が赴任中に退職する場合や帰任後退職する場合，一般的には，退職の日以前2年間（これを「算定対象期間」といいます）に雇用保険の加入期間が通算して1年以上あると，この加入期間の日本本社給与の額を基に計算された，基本手当等（いわゆる失業給付）を受給することができます。

　しかし，中国赴任者のうち，中国赴任により日本本社の給与額が大幅に下がった人や日本本社からの給与の支給がなかった人は，失業給付の額が少なくなる，または失業給付を受けられないなどの不利益を被る可能性があります。

　こうした不利益を防ぐためには，日本本社の給与額を不適切に少額にする，あるいは不支給とする給与設定を避けることが必要です。

　また，必要に応じて，失業給付の受給要件の緩和の取扱いについて，ハローワークに相談をしておくことが勧められます。

　この失業給付の受給要件緩和の取扱いとは，事業主の命令により海外勤務のため引き続き30日以上賃金の支払いを受けることができない場合に，算定対象期間に，海外勤務により賃金の支払いのなかった期間を加算することができるというものです。この特例を利用できると，中国赴任前に日本で支給された給与を失業保険の計算の基礎としてもらえる可

能性が高くなります（ただし，延長期間を加算した算定対象期間の上限は最長4年間です）。

5　帯同配偶者の雇用保険

中国赴任者の配偶者の中には，会社を退職して中国に帯同する人もいます。こうした配偶者については，中国にいながら失業給付を海外送金してもらうことはできませんが，配偶者の海外勤務への帯同のため日本で働くことができないことを理由に，失業給付の受給期間を延長（最長4年）する手続きができます。

この手続きを事前にしておくことで，帰国後，条件に該当した場合に失業給付を受給できる可能性が広がります。なお，この手続きの期限は，原則として，海外出国日から30日を経過した日の翌日から1か月以内となっています。

10 中国赴任者の日本の労災保険

> 中国に赴任しても，万が一の時は，日本の労災保険が使えますか？

✓ 中国への赴任が労災保険法上の「海外出張」であれば，従来通り労災保険を使うことができます。「海外派遣」であれば，「海外派遣者の特別加入制度」を利用しなければ，日本の労災保険を使うことができません。

1 中国赴任が「海外出張」である場合

日本の労災保険は，原則として，日本国内の適用事業所で使用される労働者のみが，その給付を受けられるものです。

中国赴任者が，労災保険法上の「海外出張者」である場合は，万が一のときには国内事業所の労災保険により保険給付を受けることができます。労災保険法上の「海外出張者」とは，日本国内の事業所に所属し，その指揮命令に従い，労務の提供を海外の出張先で行う労働者を指します。

一般に，海外出張中の災害は，出張に当然伴う範囲を超えて，私的な行為を積極的に行った場合や恣意的な行為を行った結果による災害である場合を除き，比較的広い範囲で業務災害が認定されることが多いようです。

業務災害として認められた海外出張中の業務災害認定事例には，以下のようなものがあります。また，伝染病流行地や風土病のある地域への出張中に急性伝染病に罹患した場合を業務災害とする行政解釈もありま

す。

　ただし、これらの事例は様々な背景を考慮した結果、業務と関連があると認められたものです。他人の暴行や風土病、精神障害等による災害については、業務に起因しないものとして労働災害の認定が受けられない場合もあります。

- 中国大連の宿泊先ホテルで起きた強盗殺人
- インドでの出張中に業務上のストレスによる心因性の精神障害に罹患(りかん)し自殺した例
- 韓国出張中の脳出血による死亡

2　中国赴任が「海外派遣」である場合

　中国赴任者については、現状において、中国の労災保険の外国人への普及が不十分であることから、上記の「海外出張」に当たらないのであれば、「海外派遣者の特別加入制度」に任意加入しておくことが勧められます。

　労災保険法上、「海外派遣者」とは、海外の事業所に所属し、その事業所の使用者の指揮命令に従って労務を提供する労働者を指します。

　これらの海外派遣者は、日本の労災保険制度の適用を受けることができず、派遣先の国々においても、外国人として現地の労災保険の適用を受けられない不利益を被ることがあります。

　そこで、海外派遣者に対し、特別に日本の労災保険の給付を受けることができるようにした制度が、海外派遣者の特別加入制度です。

　なお、海外出張と海外派遣の区別の参考事例は次頁の表の通りです。

区分	海外出張の例	海外派遣の例
業務内容	（ア）商談 （イ）技術・仕様等の打ち合わせ （ウ）市場調査・会議・視察・見学 （エ）アフターサービス （オ）現地での突発的なトラブル対処 （カ）技術習得等のために海外に赴く場合	（ア）海外関連会社（現地法人，合弁会社，提携先企業等）へ出向する場合 （イ）海外支店，営業所等へ転勤する場合 （ウ）海外で行う据付工事・建設工事（有期事業）に従事する場合（統括責任者，工事監督者，一般作業員等として派遣される方）

（出典：厚生労働省「海外派遣者の特別加入のしおり」）

3　海外派遣者の特別加入制度

　海外派遣者として，特別加入をすることができる対象者は，主に日本の国内事業（有期事業は除く）から派遣され，海外支店，現地法人，工場等の海外で行われる事業に従事する人です。海外の事業所において代表者や役員の身分を持つ労働者以外の人（事業主等）であっても下表の一定規模以下の事業に従事する海外派遣者であれば，労災保険に特別加入ができます。

【一定数以下の労働者を常時使用する事業の範囲】

業　　種	労働者数
金融業・保険業・不動産業・小売業	50人
卸売業・サービス業	100人
上記以外の業種	300人

4　海外派遣者の特別加入の手続き

　海外派遣者の特別加入は任意の制度であるため，国内の派遣元事業主が，労働局長（監督署長経由）に特別加入の申請を行い，特別加入の承認を受ける必要があります。

　また，業務内容や派遣先国，派遣期間など特別加入の承認を受けた事項について変更があった場合は，変更届により内容の更新手続きをとらなければなりません。

　よくある事例として，海外派遣先が駐在員事務所から現地法人に変更になった場合や，中国から東南アジア等の第三国に赴任地が変わった場合などは，手続きを忘れがちです。また，当然ながら，海外派遣を終えて帰任する際にも届け出なければならないことに注意が必要です。

5　海外派遣者の特別加入の保険請求手続き

　特別加入者として受ける労災保険の給付は，基本的には一般の労災保険の給付内容と違いはありません。海外派遣者の労災保険給付の請求は，派遣元の日本国内の事業所を通じて行います。

　業務災害の発生状況等に関する資料として，在外公館の証明書や新聞記事等の添付書類が求められるなど，日本国内の一般の労災保険の場合とは，少々異なる手続きを必要とします。

11　日本・中国間の社会保障協定

> 日中間では，社会保障協定は締結されないのですか？

☑　2011年の中国社会保険法施行後，日本人赴任者の社会保険の二重加入による労務コストの増額について懸念が集中しました。これを受けて，社会保障協定に関する日中間の交渉の動向に期待が寄せられましたが，2013年4月時点で，いまだ社会保障協定締結への道のりは長いようです。

❶　社会保障協定とは

社会保険については，多くの国々において，居住国の社会保険制度に加入するものとされていますが，海外赴任者の場合は，本国の派遣元企業と雇用関係があるために，本国の社会保険にも加入せざるを得ないケースがよく見られます。

こうした場合に課題となるのが，「社会保険料の二重払い」や派遣先国での「年金保険料の掛け捨て」です。これらの課題を解決するため，二国間で締結される協定が「社会保障協定」です。社会保障協定の一般的な締結内容は以下の通りです。

社会保障協定を締結している二国間においては，原則として，海外赴任者の派遣期間が5年以内の短期間である場合に，派遣先国の社会保険制度への加入を免除し自国の社会保険制度にのみ加入してよいとされます。逆に，派遣期間が5年を超える場合，派遣先国の社会保険制度にのみ加入することになります。

また，海外に短期間派遣され，その期間だけ派遣先国の公的年金制度に加入したとしても，派遣先国の年金を受給するのに必要な保険料納付年数を満たすことができず，派遣先国で負担した年金保険料が掛け捨てになってしまいます。

　これを防止するため，社会保障協定を締結した二国間においては，一方の年金制度の加入期間のみでは公的年金の受給要件を満たさない場合に，他方の加入期間を合算対象期間として通算することにより外国の年金受給権を獲得できるように約束を取り交わします。

2　日中の社会保障協定締結の動向

　2011年7月の中国社会保険法の施行を受け，日本からの中国赴任者が，日中両国の社会保険に二重加入せざるを得なくなり，中国に進出している日系企業の労務費コストが大幅に増額するとの懸念が高まりました。海外赴任者の社会保険料の二重払い分（会社負担・個人負担両方）については，通常，派遣元企業が補償することが多く，中国進出日系企業にとっては重要な事項です。

　こうした状況を受け，日中間では，2011年10月から日中社会保障協定に関する政府間交渉が開始されました。その後，2011年12月，2012年3月と3回の政府間交渉が行われましたが，2013年4月の現時点では日中間に社会保障協定は締結されていません。交渉の内容についても，中国社会保険法の日本人赴任者への適用に関して，経過措置を設けることを日本側が要請するといった事項に留まり，協定締結への進展についてはあまり報じられていません。

　2011年10月に施行された「中国国内で就業する外国人の社会保険加入に関する暫定弁法」によると，外国人就業者が帰任する際に養老保険の受給要件（加入年数15年）を満たしていない場合の納付済み年金保険料

の一時金による返金に関することや,社会保障協定締結国の国籍を有する外国人就業者の社会保険料の納付免除に関する取扱いが定められましたが,これらについても,いまだ具体的な運用方法が明確にされていません。

第Ⅴ章　中国の社会保険と労務

1　中国赴任者の中国の社会保険への加入

> 中国赴任者は，中国の社会保険に加入しなければならないですか？

> ✓　中国では，2011年7月から「社会保険法」が施行され，就業外国人も社会保険の強制加入の対象とされました。しかし，就業外国人に対する社会保険加入の促進の動きは，地方政府によりばらつきがあります。

1　外国人の社会保険加入

　2011年7月の「社会保険法」施行，その後の「就業外国人の社会保険加入に関する暫定施行弁法」の施行により，外国人のうち就業者の社会保険加入が，法令上，2011年10月15日から義務化されました。

　これを受けて一部の地域では，地方法規が公布され，実際に外国人就業者に対する社会保険の加入が促進されましたが，上海市を始めとする外国人就業者を多く抱える大都市において，現時点（2013年4月）でも地方法規が公布されておらず，加入促進の動きが見られない状況でもあります。中国全土を見渡すと，外国人就業者への社会保険加入の促進や運用状況については，かなりばらつきがあるといえます。

2　中国の社会保険

　中国の社会保険制度は，これまで，都市部の被用者，農村部の住民，都市部の個人事業者等によって，社会保険制度が分かれており，給付内容や社会保険料が異なるような状況が続いていました。各制度間が統一されていないため，地方間を人が移動する場合や職業を変える場合の加入記録の引継ぎに大きな課題があり，社会保険制度の普及の拡大が阻害されていました。

　そこで，これらの課題を改善し，全国的に統一された社会保険制度の構築を目的として制定されたのが「社会保険法」です。

　中国における社会保険制度の内容と中国赴任者への影響について，次頁以降で述べます。

2　中国の社会保険の仕組み

> 中国の社会保険は，どのような仕組みをしているのですか？

> ✓　日本の年金・医療保険・労災保険・失業保険と似た4つの保険制度があるほか，日本にはない「生育保険」という制度もあります。
> また，社会保険ではありませんが，「住宅積立金」という制度もあります。これらの制度を知っておくことは，ローカルスタッフの労務を管理する上でもとても大切なことです。

❶　社会保険（「5険」）の内容

中国赴任者が，外国人就業者に社会保険加入を強制する地方に赴任した場合に加入する社会保険が，中国で「5険」と言われるものです。「5険」とは，養老保険，医療保険，労災保険，生育保険，失業保険をいいます。中国においては，実務上社会保険制度の運営が地方により異なることが多々見受けられるため，ここでは5険の基本的な概要のみを確認することにします。

(1)　基本養老保険

企業に使用される労働者は，外国人も含め基本養老保険に加入する義務があります。保険料は，事業主と労働者が共同で負担し，原則として，法定の定年年齢に達した時点（男性60歳，女性50歳，〔女性管理職等55歳〕）で，保険料納付年数が15年以上あれば，基本養老金という年金を受給できます。

保険料の納付率や労使の負担割合は地方により異なりますが，事業主負担が，従業員賃金総額の20％前後，労働者負担が本人の賃金総額の8％前後とされるケースが多いようです。中国赴任者にとって注意をしたいのが，保険料の算定対象となる賃金の上限が当地の労働者全体の前年度平均賃金の300％と定められている点です。例えば上海市の場合，保険料算定対象賃金の上限は，14,076元（2013年4月時点）とされています。中国赴任者の多くは，この上限以上の賃金を得ることが多いため，結局のところ，養老年金の保険料額は，この上限に納付率を乗じた金額というケースが想定されます。

　また，日本と中国の間では，社会保障協定が締結されておらず，中国赴任者が中国の社会保険に加入すると，社会保険料を二重払いせざるをえません。

　この点について，中国政府は，前述の暫定実施弁法により，外国人就業者が帰任する場合に本人が書面により申し出れば納付済み保険料の返金を受けることができると規定しました。しかし，この暫定弁法は，いわば国全体の方針を法令上示したものであり，納付済み保険料の返金の方法や返金額の計算方法など，具体的な取扱い内容は地方法規においても明確になっていません。

(2) **従業員基本医療保険**

　企業に使用される常用労働者は，従業員基本医療保険に加入し，事業主と共同で保険料を納付します。

　医療保険の被保険者は，業務外の疾病等について指定医療機関・指定薬局における治療，薬剤，入院等に関する費用に対し一定割合の給付を受けることができます。外来診療，入院診療，重篤な傷病などの医療費の対象や被保険者の年齢などによって，個人口座から負担される医療費

の上限が異なり，上限を超える医療費は統一基金より補助されるか，自己負担します。

事業主と労働者が共同で負担する保険料は個人口座と被保険者共通の統一基金の２つに分けて積み立てられるシステムです。保険料納付率や労使の負担割合は地方により異なりますが，事業主負担が，従業員賃金総額の10％前後，労働者負担が本人の賃金総額の２％前後とされるケースが多いようです。養老年金と同じく，保険料算定基礎賃金に関する300％の上限ルールが適用されます。

中国赴任者として注意をしたいのは，この医療保険は制度上指定された医療機関等においてのみ適用される点です。日本人赴任者が多く利用する日系の医療機関等で，この医療保険の給付を受けられるかについては確認を要します。

(3) 労災保険

労災保険の概要は，日本の労災保険制度と大筋では似通っており，業務上の事由による負傷，職業病等の保険事由に対し，治療費用，リハビリ費用，入院時食事補助，装具費用，障害者手当，遺族補償金といった給付が行われます。従前の賃金額や業務災害による障害等級により補償内容が異なります。

日系企業として注意すべきことは，治療期間中の賃金や毎月の障害者手当といった一定の補償を事業主が負担する必要があるなど，法令上の事業主の災害補償責任が日本より範囲が広い点です。

中国赴任者にとっては，社会保険法の外国人就業者への適用により，万が一の労災事故に遭った場合に中国の労災給付を受給できる可能性が広がったわけですが，日本人赴任者が労災給付を申請するようなケースは当分の間は想定しにくいのが実状といえます。

なお，保険料については，事業主が全額負担し，地方及び業種により異なりますが，従業員賃金総額の0.5％～2.0％前後のケースが見受けられます。

(4) 失業保険

失業保険は，労働者が失業し，①事業主及び被保険者が保険料を1年以上納付していること，②本人の意思によらず就業を中断したこと，③失業の登録を行い，求職の希望があることといった一定の要件に該当する場合に，失業保険金（保険料の納付期間により受給期間は1か月間～24か月間）などを受給できる制度です。自己都合退職が保険給付の対象とならない点や，保険給付に医療補助金や死亡した場合の補償が含まれている点が日本と異なります。

保険料は，地方により異なりますが，事業主負担が，従業員賃金総額の2％前後，労働者負担が本人の賃金総額の1％前後のケースが多く見られます。

なお，実務上，就労を目的とする在留資格を有する日本人赴任者が失業した場合，失業後も失業保険を受給しながら中国に滞在し続けることができるのか，中国の在留資格に関して疑問が呈されています。

(5) 生育保険

生育保険とは，女性従業員が出産や育児のために就業を中断し，収入を得られない期間の生活を補償することを目的とする社会保険制度です。中国では女性従業員が出産休暇を取得することが労働者の権利として普及しています。中国赴任者としては，女性労働者に対する労働保護規定と生育保険の制度を理解しておく必要があります。

地方法規により詳細が異なる場合もありますが，女性労働者は，産前

産後休暇として，原則98日間の休暇を取得することができます。妊娠4か月未満の流産の場合は15日間，妊娠4か月以上の流産の場合は42日間の休暇を取得することができ，さらに多胎児出産の場合は，これらに15日間の休暇を加えて取得することができます。これらに違反した事業主には罰金が科せられます。

事業主が生育保険に加入していれば，女性従業員の出産のための医療や検査等にかかる費用や，産前産後休暇中の所得補償給付である生育手当が，生育保険から支給されます。保険料については，地方により異なりますが，従業員賃金総額の1％弱とされ，事業主が全額負担します。

2　住宅積立金（「一金」）

住宅積立金とは，長期住宅準備金のことをいい，中国では「一金」と称され，社会保険の5険と合わせて「五険一金」と並び称される主要な社会保障制度の1つです。国家機関，国有企業等や都市部の民間企業等と，それらに使用される従業員が共同で保険料を納付します。住宅積立金を納付してきた従業員は，主に，自ら居住する住宅を購入し，新築や改築をする際に積立金を引き出すことができ，また，住宅積立金を管理する機関を通じて，貸付けを受けることができます。

住宅積立金も社会保険料と同じく地方により異なりますが，事業主と従業員の住宅積立金の積立比率は，従業員の前年度月間平均賃金の5％を下回ってはならないとされています。住宅積立金は，労使折半により共同負担しますが，その積立比率は，地方により大きくばらつきがあり，労使合わせて15％前後の地方もあれば40％にも及ぶ地方もある状況です。

3　中国における雇用に関する注意点

中国における雇用について気をつけることには，どのようなことがありますか？

> ✓　中国においては，賃金の高い昇給率，人材の定着率の低さ，求める人材獲得の困難さといった雇用に関する課題が見受けられます。
>
> これらの課題に対応し，求める人材を獲得し，転職されないよう定着させるためには，採用条件の設定の作業が最も重要です。

　中国における人材募集の方法は，人材紹介会社，募集広告・就職活動情報サイトの活用，「人材市場」と呼ばれる半官半民の人材マッチングサービス施設の利用が挙げられます。

　特に，駐在員事務所の場合は，外国企業の出張所（事務所）として営業許可を受けずに，情報収集や市場調査，連絡業務等の本社の補助的業務を行う存在であるため，人材を直接雇用する権利を有せず，人材派遣を受けざるを得ない点に注意を要します。

　人材紹介会社や人材派遣会社の利用については，紹介料や派遣料のコストはかかるものの，履歴書や身分証明書の虚偽記載などの採用にまつわるトラブルを避けることができるメリットがあります。

　採用準備の作業には，採用条件の設定や上記のような募集方法の選択，その後の応募書類による選考，面接などがありますが，まずは，最初の採用条件の設定が最も重要です。

　進出間もない日系企業の場合，この採用条件が明確でないような事例

も多々見られますが，自社の事業計画に基づく人員計画を練り，簡易な組織図を作成するなどして，必要な人材の職種や入社後の職務内容，将来行ってほしい職務を設定する必要があります。それに伴い，必要な能力や資格が明確になり，おのずと相応する賃金設定を検討できるようになります。

　中国の労働者には，特定の職種を経験し，その分野のスペシャリストになりたいと志望する傾向が見受けられます。採用時に行うべき職務が明確でなく，その後に能力を伸ばすことのできるキャリアパスが見えないような状況であったり，採用時に伝えていた職務内容とは違う職務を指示するような事態になると，「やりたいことと違う」「会社に魅力がない」，といった理由で転職されかねません。

　採用過程において，できる限り，職務の内容やそれに伴う責任や権限を詳細に伝えると共に，本人のキャリアパスに関する志望をすり合わせておくことが懸命な対応と言えます。

　採用過程において，採用基準を明確にしておくことも望ましい対応の1つです。特に試用期間を設ける場合，試用期間を打ち切るなどして，労務トラブルが生じたときには，使用者側が，採用条件に適さなかったことを証明しなければなりません。

　また，賃金設定については，各地方で発表されている最低賃金を遵守することはもとより，人材紹介会社，募集広告・就職活動情報サイトなど様々な手段を通じて，現地の同職務の賃金相場について，情報収集することが大切です。中国の賃金の昇給率は高く，対応できていないと社員の不満につながってしまいます。地方政府より発表される昇給率に関する通達なども参考になります。

4　中国の雇用関連法規

> 中国の雇用に関する法律には，どのようなものがあるのですか？

> ✓　中国における人の雇用に際しては，雇用に関連する法規を理解し遵守する必要があります。中国の労働者は，労働者の権利保護に対し意識が高く，日系企業の労務担当者には，日本における労務管理よりいっそうの労務トラブル回避努力が求められます。

　中国には，「労働法」（1995年施行）という雇用関連の基本法がありますが，解釈の仕方に不明瞭な点が多かったため，「労働法」の規定を補足し労使の権利義務関係を具体的に明文化する法規の制定が求められていました。

　こうした要望を受け，2008年に制定されたのが「労働契約法」です。「労働契約法」では，初めて労働契約の形態，労働契約の期間，締結方法，雇い止めなどの重要事項が法により規定されました。

　これ以降，中国においては，「従業員年次有給休暇条例」，「就業促進法」，「労働調停仲裁法」，「労働契約法実施条例」といった重要な法令が相次いで施行され，雇用関連法規の整備は従前に比べ前進したといえます。

　しかし，中国の雇用関連の法令には，国レベルの法律や行政法規等のほか，地方政府による法規や規則があり，地方政府による法規が，国レベルの法律の条件を上回る内容を規定している，地方ごとに内容が異なるといったことが多々あるのが現状です。法規の他，国・地方レベルの通達にも，労務管理の運営上，重要なものが多数あります。中国で労務

管理を行う際には，国レベルの法規の確認を行うと共に，地方の法規を正確に把握する必要があります。

5　中国の労働契約書

> 中国の「労働契約書」とは，どのようなものですか？

✉　「労働契約法」により，中国で人を雇用するときは，書面による労働契約の締結が義務付けられています。労働契約書の中で，事業主と労働者は労働条件を約定し，合意の上，署名押印します。

　法令上，労働契約書は，雇用関係が成立した当初から締結しなければならず，遅れてしまった場合には，必ず雇用開始日から1か月以内に締結しなければなりません。これが守れないと，労働契約書の締結が遅れている間（雇用開始日から1年未満の期間），労働者に毎月2倍の賃金を支払わなければなりません。

　さらに，労働契約書の締結が，雇用開始日から1年を超えて遅れた場合は，既に「期間の定めのない労働契約」を締結しているものとみなされます。

　労働契約書において，事業主と労働者が労働条件を約定し，合意の上，署名押印すべき契約事項は，次頁の通りです。契約社会の中国においては，労務トラブルを回避するため，これらを形式的なものととらえることなく，内容を検討し慎重に締結することが大切です。

【必ず約定すべき事項】

- （ア）事業主の名称，住所・法定代表者等
- （イ）労働者の氏名，住所・住民身分証等の番号
- （ウ）労働契約の期間
- （エ）業務内容・就業場所
- （オ）業務時間及び休日・休憩・休暇
- （カ）賃金
- （キ）社会保険
- （ク）災害補償，安全衛生，労働災害防止に関する事項
- （ケ）法律・法規によるその他の事項

【任意の約定事項】

- （ア）試用期間
- （イ）研修・教育訓練
- （ウ）秘密保持，競業制限
- （エ）福利厚生，任意保険
- （オ）労働契約の変更，解除・終了の条件，違約責任　等

6　中国における労働契約期間

> 中国における労働契約の期間は，どのように定められていますか？

✓　中国における労働契約は，労働契約の期間の長さにより，「期間の定めのある労働契約」，「期間の定めのない労働契約」，「一定の業務完了までを期限とする労働契約」の3つに分けられます。

1　期間の定めのある労働契約

有期労働契約のことを指し，中国では「固定期間労働契約」といいます。契約期間を締結し契約社員として雇用する労働契約です。

2　期間の定めのない労働契約

中国では，「無固定期間労働契約」といいます。期間の定めのない労働契約については，契約期間の満了をもって余剰人材を退職させることができないため，中国では敬遠されがちでした。そこで，労働契約の長期化を促す目的で，労働契約法の制定により，次頁の通り，期間の定めのない労働契約を結ばざるを得ない要件が定められました。労働契約の締結時や更新時に労働者が申し出ない限り，使用者は労働者と期間の定めのない労働契約を結ぶ義務を課せられました。

【期間の定めのない労働契約締結の要件】
（ア）　その企業における労働者の勤続年数が10年に達するとき
（イ）　企業が初めて労働契約制度を実行するとき，または国有企業が制度変更により新たに労働契約を結ぶときに，その企業における労働者の勤続年数が10年に達し，かつ労働者の年齢が法定定年年齢まで10年未満であるとき
（ウ）　有期労働契約を連続して２回締結し，かつ，使用者が一方的に労働契約を解除できる法定の事由が労働者になく，労働契約を更新するとき

3 「一定の業務完了までを期限とする労働契約」

使用者と労働者が，協議による合意の上，業務上のある任務の完了をもって契約期間として締結する労働契約のことです。

7　中国における試用期間

> 中国における試用期間は，どのように定められていますか？

✓　中国にも試用期間の制度があり，企業は，採用した労働者の適正を判断する期間を設けることができます。試用期間の長さは，労働契約法で下表のとおり労働契約の長さに応じて明確に定められています。

労働契約の期間	試用期間の長さ
3か月未満 または一定の業務の完了を期間とするもの	試用期間を設けられない
3か月以上1年未満	1か月未満
1年以上3年未満	2か月未満
3年以上または期間の定めのない労働契約	6か月未満

試用期間に関しては，法令上以下のような重要事項が定められています。

試用期間とその後の期間の全体の労働契約を締結しないまま，試用期間のみの契約を先に締結することはできず，また，パートタイム労働契約には，試用期間を設定することができません。

試用期間中の賃金は，その会社における同じ職位の最低ランクの賃金または労働契約で約束する賃金の80％及び，会社の所在地の最低賃金基準を下回ることができません。

そして，試用期間中であっても，使用者の都合で自由に試用期間を打ち切ることはできず，使用者が採用条件に達しないことを証明し，労働

者に試用期間打切りの理由を伝えて初めて，使用者は試用期間を打ち切り，経済補償金の支払い義務を免れることができます。

8　中国における人材派遣制度

中国における人材派遣制度とは，どのようなものですか？

> ✓ 中国においては，非正規雇用の雇用形態の1つに「間接雇用」があります。「間接雇用」とは，人材派遣のことを指し，使用者である会社が労働者と直接労働契約を結ばず，人材派遣会社を介して，間接的に派遣労働者を雇用する形態のことをいいます。これに対し，会社が労働者を直接雇用する労働契約のことを「直接雇用」と表現します。

　日系企業については，駐在員事務所を設置する場合に人材を直接雇用できないため，派遣労働者を活用するケースが多々見受けられます。

　「間接雇用」については，人材募集に関するサポートを受けることができる，給与計算・社会保険料の納付等の人事管理の省力化ができる，派遣先企業と派遣労働者の間に労務トラブルが発生したときに解決のサポートが期待できるといったメリットが考えられます。

　しかし，その一方でコストが高くつくというデメリットが存在します。

　2008年施行の労働契約法において，「間接雇用」について，以下のような規制が設けられました。

❶　人材派遣労働者の業務と労働契約期間の制限

　人材派遣は，「臨時的，補助的又は代替的な職務」においてのみ実施が許されるとされました。この「臨時的，補助的又は代替的な職務」の定義については，不明瞭な点が多く，混乱を招いていたため，2013年7

月には，人材派遣労働における業務範囲を明確化する改正労働契約法が施行される予定です。ただし，実務的な運用面については，地方の労働当局の動きを注視する必要があります。

2 人材派遣契約の締結

　派遣労働者に対する使用者責任を有するのは人材派遣会社であることが明確にされました。また人材派遣会社と派遣先企業は，人材派遣契約を締結しなければなりません。派遣期間は，職務の実際の必要性に基づき決める必要があり，あえて短期の派遣期間に分割して締結することは禁じられています。

　さらに，人材派遣会社は，使用者責任として月例賃金を支払う義務を有し，派遣業務のない期間も，派遣労働者に対し，最低賃金基準以上の賃金を支払わなければなりません。

　日系企業が注意すべきなのは，これらの規定により，派遣先企業が使用者責任を免れたわけではないという点です。人材派遣会社が，派遣労働者にかかる労務コストを，一手に引き受けるわけはなく，派遣労働者にかかる労務コストは，派遣料等の派遣先企業が支払う費用に反映されているのが実状です。さらに，経済補償金を支払うべき事態が発生した場合には，派遣先企業が費用負担することが人材派遣契約に定められている場合も多々あります。

　中国において，「間接雇用」による雇用形態を採用する際には，人材派遣会社との間の人材派遣契約の内容をしっかりと把握し，例えば，派遣労働者に行わせることのできる職務の範囲，派遣契約の解除の方法，費用負担の割合，万が一の場合の賠償責任などについて確認しておくことが大切です。

9 中国におけるパートタイム労働契約

> 中国のパートタイム労働契約とは，どのようなものですか？

> ✓ 「間接雇用」のほかに，中国における非正規雇用の雇用形態として，パートタイム労働契約があります。労働契約法においては，特別な雇用形態として規定されています。

　パートタイム労働者については，労働契約法において，特別な雇用形態として，（ア）時間給を主とし，（イ）通常，同一の使用者における労働者の1日の平均労働時間が4時間を超えず，（ウ）1週間の累計労働時間が24時間を超えない労働契約として定義づけられています。

　パートタイム労働者に対しては，試用期間を約定してはなりませんし，賃金の支払周期は最長でも15日を超えてはならないという規定もあり，日本の慣習とは異なります。

　パートタイム労働契約の締結については，法令上，使用者と労働者の口頭合意によることができる，労使当事者のいずれもが相手方に随時通知することで労働契約を解約することができるといった定めがあり，正規雇用の場合に比べ，法令上緩やかな取扱いが可能となっています。

　ただし，口頭での労働契約の締結や労働契約の解約については，法令上は問題がなく行うことができたとしても，その他の面で労務トラブルが生じた際に，使用者側が抗弁する証拠材料が不足するという事態につながることも考えられます。安易な運用は控えるべきであることは言うまでもありません。

10 中国における労務コスト

中国における労務コストには，どのようなものがありますか？

☑ 中国における労務費については，日本に比べ時間外労働等に対する割増賃金や社会保険にかかるコストが割高である点，病気休暇や年次有給休暇等に関する労務コストが存在する点に注意が必要です。

1 時間外労働手当・休日労働手当にかかる労務コスト

　中国において，使用者は，労働者を原則として1日8時間・1週間40時間を超えて労働させてはなりません。労働組合や労働者との協議の上であっても，時間外労働は通常1日につき1時間を超えてはなりません。特別の事情により労働時間を延長する必要があるときは，1日につき3時間を超えない範囲で延長できますが，それでも1か月に36時間を超えることはできません。

　法定労働時間を超えて労働者を使用する場合や休日労働をさせる場合には，使用者は次頁の表の通り割増賃金を負担しなければなりません。

　休日については週休2日が普及しており，ほかに毎年国家レベルで定められる法定祝祭日が年間11日間程度定められています。法定祝祭日（元旦，春節，労働節，国慶節など）に関しては，振替休日を設けることはできず，労働させた場合には300％の割増賃金を支給しなければなりません。

	割　増　率
時間外労働	150％以上
休日労働（振替休日を手配できない場合）	200％以上
法定祝祭日労働	300％以上

2　社会保険料

中国の社会保険制度には，養老年金，医療保険，失業保険，労災保険，生育保険の5つの制度があります。これらにかかる社会保険の保険料率は地域により異なり，使用者と従業員の負担割合も異なります。

上海市を事例にとると，下表の通りとなります。使用者の社会保険料の負担率は賃金の4割近くにも達します。

◆上海市の社会保険料率（※2013年4月現在）

	使用者負担率	従業員個人負担率	合計負担率
養老保険	22.0％	8.0％	30.0％
医療保険	12.0％	2.0％	14.0％
失業保険	1.7％	1.0％	2.7％
労災保険	0.5％	なし	0.5％
生育保険	0.8％	なし	0.8％
合　　計	37.0％	11.0％	48.0％

3　病気休暇や年次有給休暇による労務コスト

(1) 病気休暇

中国には，「病気休暇」という制度があります。従業員の疾病・業務外の負傷による休暇（病気休暇）の期間における生活を保障するため，

法令上の「医療期間」に該当する場合，会社は，一定の基準により病気休暇中の賃金を支払わなければなりません。法令上の「医療期間」については，前職を含めた累計勤続年数や現在の所属事業所における勤務年数によって確認されますが，煩雑な内容であるため，ここでは解説を省略します。

上海市を事例にとると，会社が負担すべき病気休暇中の賃金の支給基準は，下表の通りとなります。病気休暇基数とは，上海市の場合，労働契約や就業規則等に規定がない場合は，病気休暇を取得した者が属する会社の賃金体系上の月給基準の70％とされています。ただし，最低賃金を下回ることはできません。

●上海市の病気休暇中賃金の支給基準（※2013年4月現在）

当該在籍企業における勤続年数による賃金の支給基準	
勤続2年未満	病気休暇基数の60％
勤続2年以上4年未満	病気休暇基数の70％
勤続4年以上6年未満	病気休暇基数の80％
勤続6年以上8年未満	病気休暇基数の90％
8年以上	病気休暇基数の100％

ただし，上記は上海市の事例であり，地方により，病気休暇基数や賃金の支給基準は異なります。

(2) 年次有給休暇の買取り

会社は，従業員の同意を得て従業員に有給休暇を取得させない場合，または従業員の有給休暇取得日数が年内に取得すべき有給付与日数を下回るときは，原則として，取得しなかった有給休暇日数分につき，1日当たり300％に相当する賃金を支払わなければなりません。

年次有給休暇の買取りは，法定祝祭日労働の割増賃金と同じく高額になるため，会社としては，計画的に年次有給休暇を取得させるよう努める，あるいは，年次有給休暇を取得しなかった社員から自己都合により取得しなかったことを証明する書面を取得するなどの対策を練ることが必要です。

11　中国における経済補償金

中国における「経済補償金」とは，どのようなものですか？

> ☑　従業員の退職には，契約期間満了や定年退職等による「労働契約の終了」による場合と，労使のどちらかからの働きかけに起因する「労働契約の解除」による場合の２つがあります。
> このうち，使用者からの働きかけによる「労働契約の解除」等の場合において，使用者に「経済補償金」を支払う責任が生じます。

❶　経済補償金

「経済補償金」とは，使用者側の事情により労働契約を解除する場合に支払いが求められます。具体的には，使用者は，下記（ア）～（エ）の場合等に，その会社における従業員の勤務年数に応じて，１年につき１か月分の賃金額の「経済補償金」を従業員に支払わなければなりません。

（ア）　使用者が合意解除を申し出て従業員が承諾する場合
（イ）　使用者の責に帰す理由により，従業員が労働契約を即時解除する場合
（ウ）　使用者が解雇予告又は解雇予告手当の支払いにより従業員を解雇する場合
（エ）　使用者が整理解雇を実施する場合

支払いを求められる経済補償金は、以下の数式により計算されます。

```
経済補償金
＝その使用者のもとにおける勤務年数（＊1）
　×従業員の平均給与（＊2）
```

（＊1）　6か月以上1年未満の場合は1年とし、6か月未満の場合は半月で計算。
（＊2）　労働契約の終了または解除前の12か月の平均給与を指します。

ただし、上記の従業員の勤務年数は12年が上限とされ、従業員の平均給与については使用者所在地における前年度平均賃金の3倍を限度とするという上限が設けられています。なお、不当に経済補償金を支払わない使用者や、不当解雇を行ったと認められた使用者には、支払うべき経済補償金の2倍の賠償金の支払いが課されます。

2　経済補償金の支払いを必要とする労働契約の解除

(1)　使用者からの働きかけの合意解除

使用者と従業員は合意の上、労働契約を解除することができますが、使用者からの働きかけによる労働契約解除については、使用者が「経済補償金」を支払わなければなりません。

(2)　従業員からの労働契約の即時解除

使用者側に責任がある（ア）～（エ）の場合のほか、使用者が不法行為をした場合には、従業員は労働契約を即時解除することが認められており、使用者は「経済補償金」の負担を求められます。

> （ア）　使用者が労働契約の約定通りに労働安全配慮等の義務を果たしていない場合
> （イ）　使用者が賃金等を遅滞なく全額支払っていない場合
> （ウ）　使用者が社会保険料を納付していない場合
> （エ）　使用者の規則制度が，法律，法規の規定に違反し，従業員の権益を損なっている場合

(3) 使用者からの労働契約の予告解除

次の（ア）〜（ウ）の事由に該当する場合，使用者は，30日前に従業員に書面で通知するかまたは従業員に対し1か月分の賃金を余分に支払い，労働契約を解除することができます。この場合も使用者は，「経済補償金」を支払う義務を課せられます。

> （ア）　従業員が業務外の傷病により，規定された医療期間満了後，従前の業務に就くことができず，使用者が配置転換した業務にも従事できないとき
> （イ）　従業員が職務を遂行することができず，教育訓練や配置転換をしても職務を遂行することができないとき
> （ウ）　労働契約締結時に根拠となった客観的状況に重大な変化が生じ，労働契約を履行することができなくなり，労使協議を経ても，労働契約の内容の変更について合意できないとき

〔執筆者紹介〕

渡辺　基成（わたなべ　もとなり）
　名古屋大学大学院　法学研究科博士後期課程修了　博士（法学・租税法）
　税理士法人成和　代表社員　税理士
　株式会社成和ビジネスコンサルティング　代表取締役
　上海成和ビジネスコンサルティング有限公司　董事長
　中小企業基盤整備機構国際化支援アドバイザー
　全国農地保有合理化協会　経営再生支援事業（買入価格の査定）第三者委員会委員
　名古屋経済大学法学部・同大学院　教授
　北京大学客員研究員
　中京大学大学院非常勤講師

渡邊　利明（わたなべ　としあき）
　青山学院大学経済学部卒業
　税理士法人成和　社員　税理士
　株式会社成和ビジネスコンサルティング　取締役
　上海成和ビジネスコンサルティング有限公司　シニアアドバイザー
　中小企業基盤整備機構国際化支援アドバイザー
　中京大学非常勤講師

西澤　民行（にしざわ　たみゆき）
　名古屋大学大学院　法学研究科博士前期課程修了　修士（法学）
　税理士法人成和　国際部
　上海成和ビジネスコンサルティング有限公司　総経理

岸　妙恵子（きし　たえこ）
　　三重大学人文学部卒業
　　成和社会保険労務士事務所　特定社会保険労務士
　　株式会社成和ビジネスコンサルティング　国際部
　　上海成和ビジネスコンサルティング有限公司　シニアアドバイザー
　　中小企業基盤整備機構国際化支援アドバイザー

為岡　博（ためおか　ひろし）
　　名古屋大学大学院　工学研究科博士前期課程修了　修士（工学）
　　税理士法人成和　国際部
　　上海成和ビジネスコンサルティング有限公司　シニアアドバイザー

■成和グループ　プロフィール■
　　税理士法人　成和
　　株式会社　成和ビジネスコンサルティング
　　上海成和ビジネスコンサルティング有限公司（上海賽宜沃企業管理咨询有限公司）
　　成和社会保険労務士事務所
　　http://www.seiwa-group.jp/
　　E-mail：info@seiwa-group.jp
　　≪岐阜事務所≫
　　　〒502-0914　岐阜市菅生2-3-19　SEIWAビル1F
　　　TEL：058-295-7077　FAX：058-295-7078
　　≪東京事務所≫
　　　〒108-0023　東京都港区芝浦4-9-21-801
　　　TEL：03-5419-7708　FAX：03-5419-7709
　　≪名古屋事務所≫
　　　〒460-0024　名古屋市中区正木4-8-8-410
　　　TEL：052-681-1005　FAX：052-681-1066
　　≪上海事務所≫
　　　〒200052　上海市長寧区延安西路1600号　禾森商務中心303室
　　　TEL：（+86）21-5237-6737　FAX：（+86）21-5238-2779

編著者との契約により検印省略

平成25年6月25日　初版第1刷発行　　中国赴任ハンドブック

編著者　渡　辺　基　成
発行者　大　坪　嘉　春
印刷所　税経印刷株式会社
製本所　株式会社　三森製本所

発行所　〒161-0033　東京都新宿区　　株式会社　税務経理協会
　　　　下落合2丁目5番13号
　　　　振　替　00190-2-187408　　電話　(03)3953-3301（編集部）
　　　　ＦＡＸ　(03)3565-3391　　　　　　(03)3953-3325（営業部）
　　　　　　　URL　http://www.zeikei.co.jp/
　　　　乱丁・落丁の場合は，お取替えいたします。

© 渡辺基成　2013　　　　　　　　　　　　　　　Printed in Japan

本書を無断で複写複製(コピー)することは，著作権法上の例外を除き，禁じられています。
本書をコピーされる場合は，事前に日本複製権センター（ＪＲＲＣ）の許諾を受けてください。
　JRRC〈http://www.jrrc.or.jp　eメール：info@jrrc.or.jp　電話：03-3401-2382〉

ISBN978－4－419－05985－9　C3034